Silvia Schmidt
Mehr als Mafia und Zitronen – mein Sizilien

AF222126

Silvia Schmidt

Mehr als Mafia und Zitronen – mein Sizilien

R. G. Fischer Verlag

Die Fotos im Buch haben bewusst keine Titel, da der Leser die fotografierten Orte selbst entdecken soll.

Die Fotografinnen:
Gudrun Gruber (Cover)
Christa Velten-Mrowka
Silvia Schmidt

Bibliografische Information der Deutschen Nationalbibliothek:
Die Deutsche Nationalbibliothek verzeichnet diese Publikation in der Deutschen Nationalbibliografie; detaillierte bibliografische Daten sind im Internet über http://dnb.dnb.de abrufbar.

© 2023 by R. G. Fischer Verlag
Orber Str. 30, D-60386 Frankfurt/Main
Alle Rechte vorbehalten
Schriftart: Palatino
Herstellung: rgf/bf/2B
ISBN 978-3-8301-9462-0

Inhalt

1. Sizilien – Alles Mafia, oder was?

In seinem Buch »Sizilianische Schatten« schreibt der Australier Peter Robb, das Jahr 1982 sei im Mezzogiorno die Stunde Null gewesen. Und genau in diesem Moment kam ich auf Sizilien an.

Die Frauen aus meiner Familie hat es im Leben immer weiter nach Süden verschlagen: Großmutter kam aus Ostpreußen, südlich von Königsberg. Als junge Frau arbeitete sie in der Hauptstadt als Köchin bei der Familie eines jüdischen Anwalts. In Berlin lernte sie ihren Mann kennen, also auf zu seiner Familie nach Pommern, nach Swinemünde. Hier auf der Insel Usedom wurde meine Mutter geboren, die wiederum lernte ihren Mann, den Absolventen einer Marineschule, zu Beginn des Krieges dort kennen. Und als dann die große Flucht einsetzte, hatte sie wenigstens einen Fixpunkt im Westen, denn sie zog zu ihren Schwiegereltern nach Mainz. So bin ich vom Rhein und eines Tages machte ich Ferien auf Sizilien. Wie immer war ein Mann im Spiel.

Im heftigsten Mafiakrieg betrat ich mit Sack und Pack die dreieckige Insel. Täglich las man in den Zeitungen von prominenten Leichen auf den Straßen Palermos: Der Polizeipräfekt wurde zusammen mit seiner schwangeren Frau im Auto erschossen, ebenso ein bekannter Parteivorsitzender mit seinem Fahrer.

Alle diese Namen sagten mir nichts, ich hielt das für den gewöhnlichen Alltag in einem unbekannten Land. So etwas wie lokale Folklore, die einfach hierhergehörte. Was hatte ich mit der Mafia zu tun? Jedenfalls war ich endlich hier und spazierte ganz fröhlich mittendrin. Ich freute mich über die heftig scheinende Sonne und den ewig blauen Himmel. Das Meer glitzerte silbern in dieser magischen Beleuchtung und ich musste nicht mehr an meinem Schreibtisch hocken. Geld hatte ich zwar keines, aber was braucht es mehr als einen Cappuccino, wenn man zwischen historischen Palazzi und atemberaubenden Kirchen aller Epochen steht? Allerdings war alles sehr heruntergekommen und der Putz bröckelte gewaltig. Das Ganze war (und ist es heute noch) garniert mit stinkendem Hausmüll, der augenscheinlich seit mehreren Tagen dort zwischengelagert war. Dass ich meine Handtasche fest unter den Arm klemmen und jugendlichen Vespa-Fahrern ausweichen musste, davon hatte ich schon gehört. Denn manchmal verschwinden Dinge so plötzlich und schnell, dass man ihnen nur noch hinterherwinken kann. Also war ich wachsam, oder bildete es mir wenigstens ein.

2. Domizil

Sizilien vorgelagert sind einige Inseln und Inselgruppen, die die größte Insel des Mittelmeeres sozusagen wie Satelliten umkreisen. Seit geraumer Zeit ist eine dieser Inseln leider in die Negativ-Schlagzeilen gekommen, weil dort viele nordafrikanische Flüchtlingsboote anlanden. In Deutschland hatte man von den meisten dieser Inseln nie etwas gehört, vielleicht mit Ausnahme von Stromboli, das weniger wegen des gleichnamigen eher schwachen Films als vielmehr durch Ingrid Bergmann und ihre Romanze mit dem italienischen Regisseur Roberto Rossellini oder durch Jules Vernes »Reise zum Mittelpunkt der Erde« ins Gespräch kam.

Als ich vor mehr als 30 Jahren auf einer dieser kleinen italienischen Inseln ankam, war es sehr schwer, eine dauerhafte Bleibe zu finden. Denn Italiener machen hier mit Vorliebe Ferien. Mit Kind und Kegel wurde der August am Meer verbracht. Dazu räumten viele einheimische Fischer für diesen Monat ihre primitiven Behausungen und rückten bei Verwandten zusammen. Von dem zum Teil horrenden Mietzins ließ es sich oft für den Rest des Jahres leben. Alle anderen Monate galten quasi als Winter und nur ausländische Rucksack-Touristen verirrten sich hierher. Es gab damals nur wenige – nicht sehr komfortable – Hotels. Das hat sich im 21. Jahrhundert sehr geändert, seitdem viele Ausländer kommen.

Meine ersten drei Ferienaufenthalte verbrachte ich in einem hübschen Hotel im Inselstil auf einer Felsklippe. Aber eine Mietwohnung zu bekommen, war schwierig. Auch für Einheimische, denn jeder Vermieter wollte die Hochsaison freihalten. Mein damaliger Lebensgefährte und ich kamen in einem schäbigen Sommerhaus mit vergammelten alten Möbeln unter, das sehr abgelegen war und den gleichen Preis wie in einer deutschen Großstadt hatte. Aber die Aussicht war traumhaft! Als wir eines Abends vom Dorffest nach Hause kamen, war im Wohnzimmer die Zimmerdecke heruntergekommen und lag in Trümmern auf allen Möbeln und auf den Fliesen. Glücklicherweise hatte uns der Dorfheilige beschützt, zu dessen Prozession wir gegangen waren! Deutsche Freunde, die uns besuchten und meine deutsche Wohnung gekannt hatten, waren entsetzt über diese Bruchbude.

Dort wohnten wir ungefähr 10 Monate, als wir eine Zweizimmerwohnung mit Bad und Küchenzeile ergattern konnten. Gute Adresse in einem Garten mit Terrasse, zentral gelegen. Einziger Haken: Zahlbar eine Jahresmiete im Voraus! Das waren unsere gesamten Ersparnisse! Wir bekamen die Wohnung, weil wir als Erste mit der Summe in bar auf der Matte standen. Ohne Quittung, versteht sich! Dann kauften wir die notwendigsten Möbel der unteren Preisklasse.

Ein Einheimischer drehte uns auf Wechsel (Geld hatten wir keines mehr) ein landwirtschaftliches Grundstück an, das sich für ihn als wertlos herausgestellt hatte, weil es nur über einen Fußpfad zu erreichen war und nicht bebaut werden konnte. Endlich hatte er zwei Deppen gefunden! Allerdings war es damals in Italien möglich, ohne Baugenehmigung zu bauen. Schnell den Rohbau bei Nacht und Nebel mit vielen helfenden Händen am Wochenende (wenn Polizeistation und Gemeindeamt geschlossen waren) hochziehen und sich mit Sack und Pack darin niederlassen. Sobald der italienische Staat wieder klamm war – fast immer – gab es eine Amnestie und gegen Zahlung einer größeren Summe wurde der Bau dann legalisiert. So lebten wir drei Monate ohne Strom und Wasserzisterne. Duschen und Wäschewaschen fanden bei Freunden statt, ohne Fernsehen und mit Camping-Gaslicht gingen wir frühzeitig schlafen. Im Winter hatten wir eine Kohlenmonoxid-Vergiftung, die anscheinend nur deshalb nicht tödlich endete, weil unsere Terrassentüren undicht waren und den Sturm vom Meer glücklicherweise hineinwehen ließen. Aber mit viel Geduld, Beziehungen und Hilfe von Freunden ging es Monat für Monat in kleinen Schritten vorwärts.

Später wurde uns eine üppige Summe mit der Begründung aufs Auge gedrückt, unser Haus sei in der Panoramazone. Das verhinderte aber nicht, dass uns ein Mobilfunkmast vor die Nase gesetzt wurde. Eine hübsche Pinie aus Plastik, die der Sturm alsbald zerfledderte und auf den umliegenden Feldern verteilte. Mittlerweile stehen dort zwei Masten. Das Grundstück gehört einer reichen Familie aus Palermo, deren Schwiegersohn damals die rechte Hand (Handlanger?) des sizilianischen Ministerpräsidenten war, der dann später wegen Mafianähe zu 7 Jahren Gefängnis verurteilt wurde. Es wird gemunkelt, dass die Grundstückseigentümer pro Mast jedes Jahr 25.000 Euro kassieren. Ob das stimmt? Es geht auch das Gerücht um, dass ein Hubschrauberlandeplatz geplant gewesen sei. Auf Sizilien wird viel erzählt. Aber ich glaube nicht, dass die Eigentümer auch Panorama-Tribut gezahlt haben!

3. Bahnfahrt

Wenn die Fernzüge aus Mailand oder Rom Sizilien erreichen, dann haben sie meistens eine ordentliche Anzahl von
Stunden (nicht Minuten!) an Verspätung angehäuft. Das
hat unter anderem damit zu tun, dass Sizilien bekannter-
maßen eine Insel ist und die mehr als 50 Jahre beschworene
Brücke über die Meerenge noch immer nicht existiert (die
Straßenzubringer allerdings teilweise schon).

Villa San Giovanni (der Bürgermeister wurde vor einigen
Jahren von der Mafia ermordet!) in der Region Kalabrien ist
das Hafenstädtchen, von dem aus die Fährschiffe nach Sizilien ablegen. Vor der Auffahrt auf die Fähre der staatlichen
italienischen Eisenbahngesellschaft (Ferrovie dello Stato)
gibt es einen längeren Aufenthalt im See-Bahnhof. Der Zug
passt ja nicht in seiner ganzen Länge auf das Schiff, also
wird er gestückelt und häppchenweise verladen. Wumm,
wumm, wumm ...
Spätestens jetzt ist man im Schlafwagen aufgewacht (so
gegen 5.30 Uhr). Fürs Verladen geht eine weitere Stunde
drauf. Während der ungefähr halbstündigen Überfahrt über
die Meerenge kann man den Waggon verlassen (schwierig,
ihn wiederzufinden) und an Deck des Schiffes die herrliche
Aussicht auf den Gebirgszug Aspromonte (Kalabrien) und
die Peloritaner-Berge (Sizilien) genießen. Oder man gönnt
sich in der Bord-Bar je nach Tageszeit Cappuccino und
Cornetto (süß) oder Espresso – in Italien Caffé genannt – und
Arancino (pikant). Der erste typische Gruß Siziliens.

Am See-Bahnhof in Messina wird der Zug genauso schluckweise herunter rangiert, wie er verladen worden ist. Das dauert natürlich auch wieder seine Zeit. Außerdem wird jetzt geteilt, und zwar je nach Bestimmungsort. Eine Linie führt nach Süden: Taormina, Catania, Syrakus, die andere entlang der Nordküste nach Westen: Milazzo, Cefalù, Palermo.

Als diese Bahnstrecke noch eingleisig war, dauerte die Fahrt von Messina in die Insel-Hauptstadt mal locker 3 1/2 Stunden, ca. 230 km. 1995! Zum Vergleich: Die Bahnstrecke Berlin – Usedom wurde 1876!, 200 km, in 3 Stunden bewältigt. Auf Sizilien kamen bis zum 21. Jahrhundert immer die alten, vergammelten, schmutzigen Waggons zum Einsatz, die im restlichen Italien niemand mehr haben wollte.
Mittlerweile ist das Streckennetz zweigleisig ausgebaut, dabei wurde die Streckenführung zum Teil gewaltig verändert. Die alten Bahnhöfe in den Innenstädten wurden stillgelegt und neue, moderne auf der grünen Wiese, sprich in den Gemüsefeldern und Zitronenhainen, gebaut. Das bedeutet, dass diese Haltepunkte nicht mehr zu Fuß zu erreichen sind. Also musste ein Shuttle-Bus her. Der fuhr immer irgendwann, gelegentlich. In Milazzo ist das eine Distanz von 5 km über eine belebte, staubige Staatsstraße ohne Gehsteig.

In den neunziger Jahren des vorigen Jahrhunderts bewältigte ich die Fahrt nach Palermo zweimal wöchentlich. Ich hatte eine Ausbildung am damals noch existierenden Goethe-Institut (heute ist es aus Kostengründen abgeschafft) begonnen. Schon die Fahrt vom Hafen Milazzo zum Bahnhof war ein Roulette-Spiel. Bus, ja oder nein? Man bekam oft den Zug vor dem angepeilten, weil dieser so eine immense Verspätung hatte, dass man sogar warten musste.

Leider gab es keinen Wartesaal mit Sitzgelegenheiten und auch keine Toilette, sondern nur steinerne Sitzbänke auf dem zugigen Bahnsteig. Das war im Winter (auch den gibt es auf Sizilien), wenn der Wind feucht vom Meer wehte, manchmal kaum auszuhalten. Als Entschädigung dafür einen traumhaften Blick auf die Bucht, die kleine Stadt und die Landzunge, die sich 7 km ins Meer hineinschiebt, mit dem Staufer-Kastell. Leider auch auf die Raffinerie, die seit den Sechzigern Felder, Meer und Luft verpestet, ohne Arbeitsplätze zu schaffen.

In den ersten Jahren nach der feierlichen Eröffnung der neuen Station gab es eine Bar mit der dazugehörigen Toilette und einem Zeitungsladen. Das war ganz praktisch, besonders bei Regenwetter. Man saß halbwegs gemütlich und konnte während der Wartezeit etwas konsumieren. Aber augenscheinlich hat sich die Geschichte nicht gerechnet, denn es wurde kein Pächter mehr gefunden (vielleicht hatte die »ehrenwerte Gesellschaft« mehrere Hände im Spiel?). Der Betrieb schloss nach einigen Jahren. Allerdings war immer jeder auf dem Sprung, denn den Anzeigetafeln, die gab es anfangs, und den Lautsprecherdurchsagen, war nicht so recht zu trauen.

Manchmal kam eben ganz unverhofft eine Bahn.

Anfangs wunderte ich mich, wieso es bei den enormen Fahrplanabweichungen nie zu Unfällen kam. Im Laufe dieser Wochen konnte ich beobachten, dass der Zugbegleiter, sobald sich der Zug in Bewegung setzte, seinen Kollegen im nächsten Bahnhof darüber informierte, wann mit der Ankunft zu rechnen sei. Wie funktionierte das, bevor die Italiener gleich mit Mobiltelefonen zur Welt kamen? Das ist mir eines der vielen Rätsel in diesem Land.

Die Bahnstrecke Messina – Palermo ist für mich die schönste Strecke auf ganz Sizilien. Fast immer nah am Meer entlang und bis zum malerischen Städtchen Cefalù begleitet von den Liparischen Inseln. Gleich hinter Messina wird eines der drei Kaps oder sozusagen Ecken dieser dreieckigen Insel abgeschnitten, die Meerenge wird abgelöst vom Blick auf das Tyrrhenische Meer. Das bedeutet, dass am Horizont die Inseln Panarea und der Vulkan Stromboli sichtbar werden. Etwas weiter nach Westen erkennt man das Kap Milazzo und die Inseln Vulcano und Lipari. Nach der Station Milazzo tauchen die »Zwillingsberge« von Salina, wie sie Giuseppe Tomasi di Lampedusa im »Gattopardo« nennt, hinter Lipari auf, und seitlich der Bahn oben auf dem Berg die Wallfahrtskirche von Tindari. Dort oben wird eine schwarze, byzantinische Madonna verehrt. Das letzte Gotteshaus ist aus dem 20. Jahrhundert und sehr überladen, um nicht zu sagen kitschig. Aber bekanntlich liegt Schönheit ja im Auge des Betrachters. Der Blick aufs Meer mit den Sandbänken und die seitlichen Ausgrabungen der griechisch-römischen Stadt Tindaris mit dem kleinen Museum sind auf jeden Fall einen Besuch wert. Überhaupt ist die gesamte Strecke eine kleine Sightseeing-Tour. Dann geht es weiter nach Capo d'Orlando. Hier wurden vor einigen Jahren die Hoteliers massiv von der Mafia bedroht und von Carabinieri in schusssicheren Westen und mit griffbereit umgehängten Maschinenpistolen beschützt. Das habe ich mit eigenen Augen gesehen, aber das ist eine andere Geschichte. In Capo d'Orlando steht die Villa der Familie Piccolo di Calanovella, Cousins von Giuseppe Tomasi di Lampedusa. Der schriftstellernde Lucio Piccolo war quasi der Anstoß für di Lampedusa, seinen berühmten Roman zu schreiben. Oft hielt sich der palermitaner Adelige hier auf. Bekannt ist die Villa auch für ihren Hundefriedhof. Für die damalige Zeit äußerst extravagant, Hundeliebe war und ist in Sizilien nicht sehr weitverbreitet.

Immer ganz nah am Meer entlang, vorbei am Keramikstädtchen Santo Stefano di Camastra, fährt der Zug nach Cefalù. Schon von weitem fällt der markante »Kopffelsen« ins Auge. Ist der lange Tunnel passiert, hält der Zug in der Neustadt. Nach einer kurzen Distanz wird am Ende der Bucht über den Dächern der Altstadt der klotzige Normannendom sichtbar, überragt von dem riesigen Kalksteinfelsen, der von einer mittelalterlichen Ringmauer gekrönt wird. Danach die Ebene von Himera: Hier stand eine große griechische Stadt, bekannt durch eine Schlacht zwischen Griechen und Karthargern 450 v. Chr. Die Wasserspeier eines ihrer dorischen Tempel – die Löwenköpfe von Himera – sind in Palermo im Museum zu sehen. Leider ist die Bahntrasse im Zuge der Modernisierung verlegt worden, denn früher führte sie direkt an den Fundamenten mit einigen Säulenstümpfen eines Tempels vorbei. Nach Termini Imerese (römische Thermen) nähert sich der Zug Palermo. Der »steile Zahn« des Capo Zafferano kommt in Sicht, dann wird in Bagheria gehalten. Gleich hinter dem Bahnhof steht die Villa Cutò. Wieder Verwandte von di Lampedusa, mütterlicherseits. In Bagheria verbrachte der palermitaner Adel die Sommerfrische und berühmt ist die Stadt für die vielen Villen aus dem 17. und 18. Jahrhundert. Die italienische Schriftstellerin Darcia Maraini hat mit der Beschreibung ihrer Kindheit dem Städtchen ein Denkmal gesetzt, das wegen seiner mafiösen Strukturen heute berüchtigt ist.

Jetzt sind wir schon in Palermo. Die Zitrusgärten, die die Stadt noch bis nach dem Krieg umrahmten, gibt es nicht mehr. Stattdessen große Einkaufszentren und mittel-ständische Betriebe. Das »Flüsschen« Oreto wird über-quert, heute ein jämmerliches, zugemülltes Rinnsal. Aber jetzt kommt rechts vor der Einfahrt in den Bahnhof von Palermo die mittelalterliche Admiralsbrücke, die Georg von Antiochien der Stadt geschenkt hat, und an der 1860 die Schlacht des Generals Garibaldi zur Eroberung Palermos stattfand. Historie, wohin man blickt, dann endgültig Einfahrt in den Kopfbahnhof.

Diese wunderbare Tour leistete ich mir also einen Winter lang zweimal wöchentlich. Die Rückfahrt natürlich in umgekehrter Reihenfolge, immer begleitet von einem grün-blau-türkis schimmernden Meer. Meist waren die Waggons überfüllt und leerten sich allmählich, je näher Cefalù kam. Es war ratsam, möglichst eine halbe Stunde vor Abfahrt einen Sitzplatz zu sichern, denn der Zug wurde in Palermo eingesetzt und stand auf dem Gleis ganz links. Für eine Stadt mit 800.000 Einwohnern hat die sizilianische Hauptstadt einen kleinen Hauptbahnhof, denn hier sind Italien und buchstäblich die Welt zu Ende.

Wieder in Milazzo angekommen, ging der Ärger los. Ich stieg aus, wie zum Hafen kommen? Kein Bus weit und breit, nur Taxis. Im Laufe der Wochen machte ich allerdings eine interessante Entdeckung: Sobald der Zug in den Bahn-hof einfuhr, setzte sich der Shuttle-Bus in Bewegung und fuhr davon, ohne auf die ankommenden Reisenden zu war-ten. Er flüchtete buchstäblich vor ihnen. Da half auch kein Sprint durch die Unterführung, nur die Rücklichter waren noch auszumachen, wenn der total leere Bus die Zufahrt zur Staatsstraße hinunterfuhr. Bei der dann folgenden mindestens zweistündigen Wartezeit wurde einem an manchen Tagen der Anblick des Milazzo-Dorfdeppen geboten, der seine Hose aufknöpfte und sein edelstes Teil zur Besichtigung darbot. Da er augenscheinlich schon im Rentenalter war, kein besonders erhebender Anblick!

Eines Tages war mir das Glück hold. Busfahrkärtchen hatte ich immer auf Vorrat in der Tasche. Gepäck behinderte mich nicht, ich rannte los. Der Bus stand noch da und war umringt von französischen Touristen mit Gepäck. Damals verkauften die Fahrer noch keine Tickets und die Reisenden mussten sich in der Kaffee-Bar eindecken. Der Busfahrer, ein freundlicher, hilfsbereiter Familienvater mittleren Alters, der diesen Job sicher durch – vielleicht bezahlte – Protektion bekommen hatte (anders läuft nichts!), versprach, einen Moment zu warten. Er gestattete den Touristen, das Gepäck schon mal einzuladen. Ich saß bereits im Bus, hinter mir ein bäuerliches, wettergegerbtes altes Ehepaar.

Da geschah etwas sehr Merkwürdiges. Vier Männer kamen schnurstracks auf den Bus zu und bauten sich an der vorderen Tür auf. Der Wortführer sah gediegen aus: Anzug, Krawatte, schlohweiße, dichte Mähne. Er wirkte sehr kompetent und ich hielt ihn vom Auftreten her für den Bahnhofsvorsteher. Die jüngeren drei Männer wirkten eher wie seine Handlanger, was sie wohl auch waren. Es gab einen kurzen Wortwechsel. Erst hörte ich nicht hin, Sizilianer sprechen einen starken Dialekt. Dann aber »Sie fahren jetzt sofort los« im Befehlston. Ich traute meinen Augen nicht: Der Busfahrer wurde ganz kleinlaut, stand auf und lud das Touristen-Gepäck aus dem Bus. Er stapelte es neben dem Haltestellenschild auf, stieg ein, setzte sich hinters Steuer, schloss die Tür und fuhr los. Hinunter auf die Hauptstraße. Dort bog er plötzlich anstatt nach rechts zum Hafen nach links Richtung Berge ab. Ich sprintete los und stand neben ihm: »Aber Sie hatten mir doch zugesagt, zum Hafen zu fahren!«»Vertrauen Sie mir, ich bringe Sie zum Hafen, wir machen nur einen kleinen Umweg!« Ich schluckte, plötzlich ging mir ein ganzer Kronleuchter auf: »Habe ich das richtig verstanden?« An meinem Akzent hörte er die Ausländerin. »Ja, Sie haben das ganz genau richtig verstanden. Aber ich muss machen, was die sagen, sonst kommen sie bis zu mir nach Hause!« Er war soeben von der Taxifahrer-Mafia bedroht worden! Denn die ortsunkundigen Leute sollen anstatt des städtischen Busses (1 €), ein Taxi für 25 € nehmen, ein Preis, der völlig überteuert ist für 5 km Wegstrecke. Auf Umwegen brachte mich der Bus zum Hafen und ich bekam mein Schiff zu den Inseln noch rechtzeitig.

Weiterhin häuften sich die Beschwerden über die Unzuverlässigkeit der städtischen Zubringerbusse Hafen – Bahnhof und ich erzählte einem Journalisten des örtlichen Fernsehsenders von meinem Abenteuer. Er zeigte sich sehr interessiert und wollte darüber einen Bericht bringen. Ob ich diese Begebenheit mit unkenntlich gemachtem Gesicht in seiner Sendung erzählen könne?
Alle meine sizilianischen Freunde rieten mir davon ab, aufgrund meiner Wortwahl, Sprechweise und des Akzents sei leicht zu ermitteln, wer sich dahinter verberge. Und da ich ein deutscher Hasenfuß bin, habe ich es sein lassen!

Jetzt, circa 20 Jahre später, hat sich die Situation *leicht* verbessert!

4. Brückenkopf

Siziliens langweiligste Metropole ist die Provinzhauptstadt Messina. Schön an der gleichnamigen Meerenge gelegen, mit totaler Aussicht auf diese belebte Wasserstraße. Am Ufer gegenüber ragen die Berge des Gebirgszuges Aspromonte auf, wo im Winter Ski gelaufen wird, einschließlich Liftbetrieb. Und davor die Stadt Reggio di Calabria. Hier ist der große Zeh des italienischen Stiefels, also Italien zu Ende. Während es auf der Sizilien-Seite erst richtig losgeht: das Tor zu einem neuen Kontinent. Ein interessanter Ausgangspunkt und nicht die Schuld dieser Stadt, dass sie so völlig nichtssagend wirkt. Geschichte und Natur haben ihr übel mitgespielt.

Die antiken Gründer konnten ja nicht ahnen, dass sie genau auf einer Erdspalte ihre Siedlung errichteten. Nämlich da, wo die Afrikanische und die Eurasische Platte sich treffen und es daher merklich unruhig werden sollte. Sie erkannten nur den strategisch wichtigen Punkt und genossen das herrliche Panorama. Dass es im Winter saukalt sein kann, merkten sie wahrscheinlich erst später, wenn die starken Winde zwischen den beiden Gebirgszügen, dem Aspromonte und den Peloritaner-Bergen, einen unangenehm kalten Sog erzeugen. Ein sizilianisches Sprichwort sagt: »Willst du kennenlernen die Plagen des Inferno, verbring den Winter in Messina und den Sommer in Palermo!« Denn in Palermo findet das genaue Gegenteil statt, wenn im Sommer der Kranz der Berge, die die Stadt umschließen, jeglichen Luftaustausch verhindert. Mit anderen Worten: Im Winter sind in Messina Schal und Mütze durchaus angebracht. Ein Übriges tun die breiten, offenen Straßen mit den niedrigen Häusern in der Innenstadt. Auch das ist nicht die Schuld der Stadt, sondern von der Stadtplanung ganz bewusst so gewollt. Da Messina auch durch seine heftigen Erdbeben berühmt-berüchtigt geworden ist, sind die breiten Straßen und geräumigen Plätze als Fluchtwege und Sammelpunkte gedacht. Es gibt immer mal leichtere Erdstöße und circa alle 200 Jahre starke Erdbeben, also ist diese Bauweise durchaus angebracht. Und dann gab es noch die vorbeiziehenden Armeen, für die Messina ein Brückenkopf war. Zuletzt 1943, als die Deutschen ab- und die Amerikaner einzogen.

Der Vater eines Schulkameraden erzählte mir vor vielen Jahren, wie er als junger Mann mit seiner Einheit auf einem provisorischen Floß auf dem Rückzug vor der amerikanischen Invasion in Italien von Messina nach Kalabrien übersetzte, wobei sie von fröhlich springenden Delfinen begleitet wurden. Die jungen Soldaten waren allerdings in der nationalsozialistischen Isolation aufgewachsen und hatten keine Ahnung vom Leben in anderen Ländern (wie die Amerikaner heute noch) und daher nie derartige Fische gesehen. Also hielten sie diese für Haie und ballerten mit Maschinengewehren auf ihre Begleiter.

Messina wurde so in Intervallen immer wieder zerstört. Es gibt nichts besonders Historisches zu sehen. Allenfalls rekonstruiertes oder Fragmente, die aus dem Schutt geborgen wurden. Schnell weiter: Die Läden in der Hauptgeschäftsstraße Viale San Martino sind grauslich altbacken und teuer. Eine Fundgrube für Leute, die einen 60er-Jahre-

Film drehen wollen! Das tollste Teil, das mir dort ins Auge fiel, war ein zitronengelbes, schulterfreies Chiffon-Cocktail-Kleid, das damals umgerechnet so 600 DM kosten sollte. Jede Frau hätte in Deutschland damit Aufsehen erregt, allerdings kein positives. An einigen Stellen war es leicht ausgebleicht und eingestaubt, vielleicht war es schon seit der Geschäftseröffnung vor mindestens 30 Jahren im Schaufenster? Das einzig hübsche in dieser Straße ist die vor einigen Jahren angepflanzte doppelte, hohe Palmenreihe.

Unsere großen deutschen Dichter Schiller und Goethe hatten ein Faible für Messina. Schiller, der selbst nie dort gewesen ist, hat Sizilien literarisch verewigt. War es für ihn ein Sehnsuchtsort, den er sich im Gegensatz zu seinem Schriftstellerkollegen nicht leisten konnte? Er hat jedenfalls mit der »Braut von Messina« und »Der Taucher« an diese Stadt erinnert. In meiner Schulzeit hieß »Der Taucher«: Gluck, gluck, weg war er ...

Goethe, der sich eine lange Italienreise gönnte, hielt bekanntlich Sizilien für den »Schlüssel zu allem«. Er besuchte Messina 1787, zwei Jahre nach einem großen Erdbeben und konnte hier wieder einmal Trümmer bewundern, allerdings keine antiken. Sicher nicht sehr inspirierend. Das hübscheste, das ich einmal in dieser Stadt entdeckte, war ein Art-Deco-Treppenhaus mit einem Brunnen aus rosa Marmor in der Eingangshalle. Sonst gibt es nur noch die nach dem Erdbeben von 1908 errichteten Notsiedlungen, die heute noch bewohnt sind. Viele Familien haben sich dort in der dritten und vierten Generation eingenistet. Nicht, weil es keine Wohnungen gäbe, sondern weil das Wohnen dort kostenlos ist und auch die kommunalen Gebühren von der Stadt erlassen werden! Am

Stadtrand ist die Bebauung verändert. Zum Teil neue Riesen-Wohnsilos, von denen außer der Baufirma keiner weiß, ob die Erdbebenvorschriften bei deren Errichtung eingehalten wurden.

Also, schnell weiter, es gibt auf Sizilien noch so viel Schönes zu sehen ...

5. Ferienwohnung

Auf Sizilien muss man jede Arbeit machen, wenn sich etwas bietet, auch wenn es nichts mit dem erlernten Beruf zu tun hat. Einkünfte lauern nicht an jeder Straßenecke. Zu den zahlreichen Berufen, die ich hier ausgeübt habe, gehörte auch das Vermieten von Ferienwohnungen. Das kann eine sehr interessante, lehrreiche Tätigkeit sein, die jeden Tag neue Überraschungen bereithält. Situationen, die man sich nicht hätte vorstellen können, die aber auch oft Zweifel an der Intelligenz mancher Mitmenschen aufkommen lassen.

Andererseits sind viele Feriengäste unglaublich intelligent und fantasievoll, wenn es darum geht, irgendwelche Schäden zu verschleiern, die verursacht wurden. Manchmal waren es so banale Dinge, dass sie nicht der Rede wert waren, aber sie hätten guten Benehmens halber erwähnt werden können. Zum Teil waren es Dinge, die man durch einen Einkauf im nächsten Supermarkt aus der Welt hätte schaffen können, aber von Zeit zu Zeit waren es Vorfälle, die wirklich ins Geld gingen und sich erst zeigten, wenn der Verursacher über alle Berge war. Verwunderlich ist, wie unachtsam manche Leute mit dem Eigentum anderer umgehen.

Mein erster Gast war ein 80-jähriger Herr, der sofort begann, über seine abwesende Ehefrau herzuziehen. Auf seine Frage, ob er sich scheiden lassen solle, antwortete ich mit der Gegenfrage, ob es dafür jetzt nicht ein bisschen spät sei. In dem neu gebauten Appartement ruinierte er gleich die Dusche. Ihm muss ein etwas schwererer Gegenstand heruntergefallen sein und gleich war die Emaille abgeplatzt. Also besorgte er sich weiße Farbe, überschmierte den Schaden und hielt die Klappe. Wir haben nie wieder von ihm gehört. Der Schaden wurde natürlich erst bei der Endreinigung bemerkt.

Sehr beliebt ist bei jungen Leuten, für 3 Personen zu mieten und dann mit 8 Personen auf Luftmatratzen zu nächtigen, zu duschen (in Sizilien ist Wasser ein kostbares Gut) und eventuell zu kochen. Bei sehr lebhaftem Treiben machen meist die Nachbarn den Vermieter aufmerksam. Bei jungen Leuten, die die Nacht zum Tag machen, kann es passieren, dass die Person, die sich um die Endreinigung kümmert, dann im Bad die Kotze aufwischen darf. Eine »Dame« beseitigte das übergelaufene Wasser im Bad nicht mit einem Lappen, sondern belegte den Fußboden mit Zeitungen. Einer anderen waren die Bestecke anscheinend nicht steril genug. Bei dem Versuch, sie auszukochen, verformten sich die blauen Plastikgriffe. Einmal nahm ich eine Porzellankanne am Griff aus der Anrichte, aber der Boden blieb fein säuberlich stehen, der Gast hatte mit Geschicklichkeit und Feingefühl das Teil drapiert. Ist die Bettwäsche abgezogen und zusammengelegt, sind garantiert Brandlöcher von Zigaretten oder Blutflecken zu finden. Eine durchgebrochene Gardinenstange wurde mit Klebeband repariert. Hatte der sportliche Ehemann daran Klimmzüge gemacht oder seine Gattin satt und vielleicht versucht, sich zu erhängen? Handtücher werden oft als Fußmatten benutzt, obwohl Badematten vorhanden sind.

Manche Gäste stört nachts das Motorengeräusch der Schiffe im Hafen oder das Donnern der Brandung, sie sind an vorbeifahrende Züge oder Autobahngeräusche gewöhnt. Die Wäscheleine für nasse Badesachen vom Strandaufenthalt wird auch schon mal hartnäckig ignoriert. Stattdessen gammelt alles nass auf dem Treppengeländer dahin und sorgt für unschöne Flecken.

Aber es gibt auch sehr nette Feriengäste, die Freunde werden, wenn der Urlaub vorbei ist. Die entweder wiederkommen oder mit denen man sich bei ihnen zu Hause trifft oder in anderen Teilen der Welt verabredet. Also auch anregende Gespräche und sehr unterhaltsame Stunden in froher Runde. Dazu Weihnachts- und Geburtstagsgrüße. Das ist doch ein Lichtblick, oder?

6. Winter

Oft werde ich von meinen Landsleuten gefragt, wieso ich die Wintermonate in Deutschland verbringe und nicht im sonnigen Süden bleibe. Die Antwort ist ganz einfach: Um nicht zu frieren! Es stimmt, der Winter kann sehr schön sein auf Sizilien: Überall heben sich die leuchtend roten Weihnachtssterne vom blauen Himmel ab, Büsche von einer Größe, die wir vom Holunder kennen. Reife, leuchtende Zitrusfrüchte an den Bäumen, die Luft ist mild und manchmal kann auch auf der Terrasse zu Mittag gegessen werden.

Aber wehe, das Wetter schlägt um! Sturm und Regen, horizontal. Kein Regenschirm hilft! Dann wünscht sich jeder Ausländer eine mollige, gemütliche, zentralgeheizte Wohnung mit doppelverglasten, gut schließenden Fenstern. Im ersten Winter bin ich dann eine Runde mit dem Auto gefahren, um mich darin aufzuwärmen. Auf diesem »Kontinent«, der Sizilien heißt, gibt es viele antike Häuser. Die Palazzi haben zum Teil eine Deckenhöhe von 4,50 Metern, die modernen Häuser sind nicht isoliert. Und alle haben eines gemeinsam: In Küstennähe feuchte Wände. Dann ohne Heizung, wenn drinnen wie draußen 13 Grad sind! Alle meine nordeuropäischen Freundinnen sagen übereinstimmend, dass sie in ihrem Leben nie so gefroren haben, wie im ersten Winter im »warmen« Süden. Da haben alle Angora-Unterwäsche zu schätzen gelernt! Am besten besorgt man sich Ski-Unterwäsche, die eigentlich für das Warten am Lift konzipiert ist. Und dann das

Bett! Abends beim Zubettgehen oft klamm. Alle haben sich deutsche Winter-Bettdecken und Frottee-Bettwäsche mitgebracht. Italienisches Bettzeug ist eine Riesen-Wurschtelei aus Bettüberwürfen, großen Laken, verschiedenen Wolldecken. Es besteht immer die Gefahr, sich versehentlich zu strangulieren, zu ersticken oder als Eisblock nicht mehr aufzuwachen!

In unserer modernen Mietwohnung in der Stadt waren Heizkörper in allen Zimmern. Ich sah freudig erregt dem nächsten Winter dort entgegen. Meine Erregung wich maßloser Wut. Die Heizung des gesamten Hauses mit sechs Wohnungen wurde vom Hausherrn selbst für den ganzen Block angestellt. Allerdings nur zu besonderen Anlässen wie Weihnachten und Silvester. Oder wenn einer der Stadtgeistlichen oder ein Lokalpolitiker zu Besuch kamen. Oder irgendwelche Verwandten, die es zu beeindrucken galt. Dann hatten auch wir es schön warm und gemütlich in den gefliesten Räumen, die im Winter mehr dem Kühlraum einer Metzgerei ähneln. Im Winter sind die Handtücher im Bad immer feucht und eine kochend heiße Dusche ist eine Wohltat. In den Schränken schimmeln Lederschuhe und Handtaschen. Weißwäsche ist gelb gesprenkelt, Blusen haben Stockflecken. Nie kann ein Kleidungsstück spontan getragen werden, erst auf Fleckenlosigkeit kontrollieren! Schranktüren zum Lüften immer öffnen! Die Frage ist, wozu also Schränke?

Die Enttäuschung ist groß, sucht der Reisende ein gemütliches Lokal, um sich aufzuwärmen. Sizilianische Lokalitäten sind meist nur für den Sommer gedacht. Auch im Winter bei Regenwetter steht die Eingangstür offen. So signalisiert der Inhaber: hereinspazieren! Ähnlich ist es im

Restaurant: Die Gäste sitzen mit Steppjacke und Mütze am Tisch. Oder mit Hut und Mantel. Das wiederum zeigt, dass diese Herrschaften etwas betuchter sind. Bis vor 20 Jahren war der Besitz eines Wintermantels – besonders in ländlichen Regionen – ein Zeichen von Wohlstand, das nicht viele aufweisen konnten. Es nutzt also nichts, sich für den gemütlichen Abend mit Freunden schick anzuziehen, denn niemand wird Ihr neues Kleid oder die gewagten High Heels sehen, die Ihnen dann nur Eis-Füße auf dem Fliesenboden bescheren. Wer besonders über die Kälte jammert, dem schiebt der Wirt ein Propangasöfchen ins Kreuz. Also alles in allem eine ungemütliche Angelegenheit.

Aber auch in den Wohnungen ist es nicht anheimelnder. Beim Spaziergang durch Altstadtgassen sieht der Bummelnde in den Parterrewohnungen Frauen mit Kopftuch am Herd stehen, während der Herr des Hauses eine »Coppola« aufhat. Das ist eine landesübliche Kopfbedeckung, die in deutschen Landen (Hessen) als »Batschkapp« bezeichnet wird. Auch hier sind die Winter unangenehmer geworden. Trotzdem ist die Logik der Leute manchmal nicht ganz nachvollziehbar: Ein unangenehmer Besuch bei Einheimischen, es war mir hier zu kalt! Meinem Einwand wurde zugestimmt, auch ihnen sei kalt. Da bemerkte ich die kaputte Fensterscheibe. Ja, die sei aber schon bei ihrem Einzug zerbrochen gewesen! Auf die Idee, sie von einem Glaser ersetzen zu lassen, war anscheinend niemand gekommen. Manchmal ist Europa hier sehr weit weg! Und außerdem werden die paar kalten Tage von selbst vorübergehen, die Ausgabe lohne nicht. In den Schulen sitzen die Kinder in Straßenkleidung im Unterricht, denn es gibt in öffentlichen Gebäuden selten Heizungen. Tragflügelboote, Schiffe und Linienbusse eignen sich auch nicht zum Aufwärmen, die Blechgebilde haben oft nur Klimaanlagen, die dann bei 40 Grad im August ihren Geist aufgeben.

All das hat mich dazu bewogen, den Winter lieber im »kalten« Deutschland zu verbringen. Da muss ich zwar manchmal Schnee schippen, aber das fällt aufgrund des Klimawandels auch immer häufiger flach!

7. Festtage

Mein erstes Weihnachtsfest und der Jahreswechsel auf Sizilien waren für mich eine riesengroße Enttäuschung! Vielleicht hätte es mir in Palermo besser gefallen, aber ich war sozusagen in »Landsend«. Für eine kleine Mittelmeerinsel waren meine Erwartungen einfach zu hoch angesetzt. Dass Weihnachten und das Neue Jahr kommen, sieht jeder an den Zitrusbäumen, deren Früchte sich langsam färben und aus dem dunkelgrünen Laub herausleuchten. Advent und mit ihm Adventskränze mit den vier Kerzen sind hier unbekannt.

Die Festivitäten beginnen quasi am 8. Dezember: Das ist der Tag der »unbefleckten Empfängnis«. Protestantisch aufgewachsen sagte mir das nicht viel, eher gar nichts. An diesem Tag werden in italienischen Haushalten die Weihnachtsbäume aufgestellt. Auf einer kleinen Insel ohne Baumbestand waren das vor 30 Jahren kleine Plastikbäumchen mit bunten, blinkenden Lichtern. Meist auf dem Kühlschrank platziert und so den ganzen Tag über für alle Familienmitglieder gut sichtbar. Heutzutage schmücken sich auch die Städte und die Geschäftsleute dekorieren die Schaufenster und die Gehsteige vor der Eingangstür, damit die potenziellen Kunden aufmerksam werden (in manchen Läden ist auch an Ostern noch der Weihnachtsschmuck zu bewundern, aber Weihnachten kommt ja wieder!). In einer Parterrewohnung der Altstadt bleibt der Weihnachtsbaum das ganze Jahr über stehen, weil er dem Hausherrn so gut gefällt! Durch die offene Fenstertür zu bewundern!

Zum ersten Fest hatte mein Lebensgefährte für mich eine echte (!) Fichte besorgt, sehr zum Befremden der restlichen Verwandtschaft, die diese unnütze Ausgabe vermutlich verdammte. Ebenso wie die Tatsache, dass diese erst am 24. Dezember zum Einsatz kam. Aber so weit war es noch lange nicht! Erst war noch Nikolaustag, aber Enttäuschung: Fehlanzeige, hier unbekannt und Schokoladen-Weihnachtsmänner gab es natürlich auch nicht. Und keine gefüllten Stiefel und Strümpfe. Danach mein Geburtstag, der schon in meiner Kindheit mit Hinweis auf das baldige Weihnachtsfest nicht besonders üppig ausfiel. An Blumen gab es damals nur Alpenveilchen, vielleicht mag ich sie deshalb nicht sehr. Nur in den Sträußchen, die an Rosenmontag beim Faschingsumzug verteilt werden.

Weihnachten beginnt für mich an Heiligabend, also wird der Baum am Nachmittag geschmückt und abends gibt es Würstchen mit Kartoffelsalat, ganz deutsch. In Italien unbekannt, außer in Südtirol. Aber das ist für Deutsche kein richtiges Italien! Heutzutage gibt es auch auf Sizilien in den großen Städten Weihnachtsmärkte, allerdings ohne Glühwein. Dafür gibt es aber auch keine Eis-Füße, gegen die besagter Wein das beste Mittel ist.

Das Christkind mit Geschenken habe ich in meinem neuen Heim dann auch eingeführt. Das ist jetzt in sizilianischen Familien auch verbreitet (ohne mein Zutun!). Früher war es üblich, dass die Kinder zu Allerseelen die Geschenke von den verstorbenen Familienmitgliedern nachts vorbeigebracht bekamen. Für das Weihnachtsfest hatte ich auf dem Markt eine mit Weihnachtsmotiven bedruckte billige Tischdecke besorgt, die sehr gut zu der hässlichen vergammelten Möblierung unseres gemieteten Sommerhauses passte, das wir damals bewohnten. Um Mitternacht wollte ich die Christmette in der Kathedrale erleben, um so richtig in Weihnachtsstimmung zu kommen. Also auf und los! Auf den Burgberg gestiefelt! Das Haupttor war weit geöffnet, drinnen war es proppenvoll und eiskalt. Keine Tanne mit Kerzen! Dafür aber die im Süden übliche Weihnachtskrippe, von der wegen des Andrangs nicht viel zu sehen war. Das Eingangstor blieb auch während des Gottesdienstes geöffnet und von Zeit zu Zeit kam ein Hund herein, drehte eine Runde und ging wieder. Vermutlich hatte auch er sich mehr erwartet. Nachdem wir auf der harten Kirchenbank so richtig durchgefroren waren, machten wir es ihm nach, verabschiedeten uns noch vor dem Ende der Veranstaltung und kehrten zurück in unser unwirtliches Haus mit den klammen Betten.

Am eigentlichen Weihnachtstag, der ab Mitternacht beginnt (1. und 2. Feiertag gibt es nicht), wird zum Weihnachtsessen gegangen, meist bei Verwandten. An Weihnachten kann es vorkommen, dass im Sonnenschein tagsüber die Temperatur auf 20 Grad steigt. An diesem Tag muss aber unbedingt der Nerzmantel ausgeführt werden. Schließlich muss man zeigen, dass es der Ehemann zu etwas gebracht hat. Der Mantel wird somit endlich mal gelüftet.

Für Silvester hatte meine Schwägerin geplant, dass wir alle gemeinsam in ein Bergdorf zum Tanzen fahren sollten. Vorher gab es ein gemeinsames Essen bei den Schwiegereltern. Eigentlich war Huhn angesagt. Dieses hatte ich am Vortag schon zu Gesicht bekommen, als es tot in vollem Federkleid, mit zusammengebundenen Beinen an einer Stuhllehne baumelte. Irgendwie waren mir wohl die

Gesichtszüge entgleist, denn es wurde auf Schnitzel umdisponiert. Nach dem Essen brachen wir auf, mit allen Kindern im Schlepptau, was für mich wieder befremdlich war.

Ich hatte mich auf einen richtigen Silvesterball gefreut, der wie in Deutschland ein gepflegtes Fest für Erwachsene ist, mit einem möglichst hübschen Kleid. Dafür war es in den ungeheizten Häusern allerdings viel zu kalt. Wir fuhren also zu einem Lokal in den Bergen. Sämtliche Dorfbewohner mit ihren Kindern waren dort versammelt. An den Wänden waren Stühle aufgereiht. Irgendwie erinnerte mich das an die »Reise nach Jerusalem«. In der Mitte des großen Raumes wurde zur Ziehharmonika getanzt. An gemütliches Sitzen bei einem Getränk war nicht zu denken. Vielleicht war jetzt mein Partner enttäuscht, als ich die sofortige Heimfahrt verlangte. Meine Schwägerin war jedenfalls stocksauer und ließ mich das auch spüren. Dann doch lieber mit einem Sekt vor dem Fernseher. So kam es dann auch.

Für die folgenden Jahre habe ich dann immer ein Silvestermenü in einem Hotel oder Restaurant in einem warmen Saal mit angemessener Kleidung und ohne Kinder reserviert. Der Ausklang der Festtage wird am 6. Januar begangen, wenn am Dreikönigstag die Kinder von der Hexe Befana nochmals Geschenke bekommen. Dann kehrt endlich wieder Ruhe ein, aber nur bis Ostern!

8. Feuer

Der Sommer kommt und mit ihm erwacht eine Spezies aus dem Winterschlaf, bei der augenscheinlich ein Chromosom aus dem Ruder gelaufen ist. Die Temperatur steigt, 40 Grad Celsius sind keine Seltenheit und seit Wochen hat es nicht mehr geregnet. Die Macchia ist ausgetrocknet, niedere Pflanzen haben sich in den Boden zurückgezogen und lassen sich erst wieder sehen, wenn die Erde feucht wird. Mittelmeer-Eichen, die jetzt selten gewordenen Korkeichen und die in den letzten Jahren angepflanzten untypischen Eukalyptuswälder lassen die Blätter hängen. Eidechsen, Schlangen und Kaninchen suchen ein schattiges Plätzchen und oft auch ausgesetzte Hunde und Katzen, deren sich keiner erbarmt hat und die sich allein durchs entbehrungsreiche Leben schlagen müssen. Die Luft knistert, kein Windhauch. Und dann tobt der Scirocco los (ich hatte mal ein schönes Auto mit diesem Namen). Der Saharawind, der auch Städte in einen Backofen mit Gebläse verwandelt (alle Fenster hermetisch schließen!), weht über das Afrikanische Meer herüber.

Jetzt wissen alle, es geht los! Voraussetzung ist, dass die Nacht hereinbricht. Eine heiße Nacht! Der Schiffsverkehr ist schon seit Stunden eingestellt, das Meer tobt. Aber der Sturm übertönt es. Forstverwaltung, Carabinieri und Finanzaufsicht sind in Alarmbereitschaft. Und allen voran die Feuerwehr. Die Inselbewohner sitzen angespannt auf ihren Terrassen und schauen von den flachen Hausdächern in die Runde. Keiner geht ins Bett, an Schlaf ist nicht zu denken. Da! Der erste schwache Feuerschein am Himmel. Das Katz-und-Maus-Spiel kann beginnen! Während alle Einsatzfahrzeuge einschließlich der Wassertransportwagen in das möglichst unwegsame Gelände (unbedingte Voraussetzung für eine Brandstiftung!) schnellstens vordringen, flammt an anderer Stelle ein neuer Brandherd auf. Alle geben ihr Bestes: Einsatzkräfte, Anwohner und auch die Brandstifter. Der Sturm heult und der heiße Atem weht unerträglich von der anderen Talseite herüber, besonders, wenn gerade ein großer, jahrhundertealter Olivenbaum unter fürchterlichem Krachen verglüht. Die ersten Menschen müssen schnellstens ihre Häuser verlassen, die Katzen im Arm, ihre verängstigten Hunde hinter sich herziehend. Die Feuerwehr versucht nun, wenigstens die Gebäude zu retten. Angst! Das Feuer wandert mit ungeheurer Geschwindigkeit weiter dahin, wo es Nahrung findet. Wird es auch zu uns kommen?

Feuer ist sehr laut, es kündigt sich über lange Distanzen an. Der Rauch ist im Dunkeln nicht zu sehen, allenfalls zu riechen, aber die Feuerwand ist unbeschreiblich panikeinflößend. Alle warten auf den Sonnenaufgang, denn erst dann können die Löschflugzeuge arbeiten. Sofern sie verfügbar sind und nicht zu wichtigeren Einsätzen gerufen werden. Das Feuer ist mittlerweile um den Berg herumgewandert, da kündigt ein starkes Brummen die Ankunft der gelb-roten Canadair an. Diese Piloten sind für mich die absoluten Helden des Alltags. Sie sind in Lebensgefahr, wenn sie möglichst flach und gezielt über dem Brandherd die vielen Tonnen Meerwasser versprühen, die sie vorher in der Bucht eingeschlürft haben. Dabei streifen sie mit voller Geschwindigkeit über die Wasseroberfläche, um sich dann schwerfällig und mit aller Kraft zu erheben. Jetzt sind auch die Boote der Küstenwache aufgescheucht und voll da, um die Wasserfläche von Fährschiffen und Tragflügelbooten der Verkehrslinien, Segel- und Motorjachten freizuhalten, auf die der Pilot bei seinem gefährlichen Manöver auch noch achten muss. Das Löschflugzeug dröhnt im Anflug niedrig über dem Haus, die Gläser klirren leise in der Vitrine. Ganz vorsichtige Anwohner haben mehrere Wasseranschlüsse im Garten. Aber bei Feuer stellt das E-Werk den Strom ab und dann funktioniert die Wasserpumpe nicht mehr. Außerdem ist die Hitze so groß, dass der Strahl aus dem Gartenschlauch sofort verdunstet.

Endlich ist das Feuer gelöscht, doch wozu das Ganze? Sizilianer sind leidenschaftliche Pyromanen. Der Sonntag ist so langweilig? Ja, da schauen wir doch mal ein wenig der Feuerwehr bei der Arbeit zu, die werden sowieso nur fürs Warten bezahlt. Der Nachbar guckt mich immer schief an und benimmt sich mir gegenüber unverschämt? Da ist mir halt mal sein Olivenhain ein Dorn im Auge. Das Bellen der auch von mir ausgesetzten und jetzt wilden Hunde stört mich? Mal sehen, ob ein Feuer sie umbringt. Oft weiß man, wer der Unhold ist, aber beweisen muss man es können. Am besten auf frischer Tat ertappen und gleich mitverbrennen, meinen die Dorfbewohner. Aber das ist schwierig. Es gibt viele Möglichkeiten, wie diese abartig veranlagten Figuren agieren. Kerzen oder Haustiere, die dann dabei den Tod finden, der widerlichen Fantasie sind keine Grenzen gesetzt. Die Brandstifter sind oft minderjährig. Oder schon über 70 Jahre alt. In diesem Alter wird in Italien niemand mehr eingelocht, sondern bekommt höchstens Hausarrest. In einem Dorf hörten die Brände auf, als der Alte starb, den sowieso alle in Verdacht hatten. Endlich Ruh ... Die Freude über den Todesfall muss groß gewesen sein!

Aber das Terrain ist nun kahl und schwarz und durch das salzige Löschwasser aus dem Meer unbrauchbar. Falls das Wasser in die Zisterne eingedrungen ist, auch das Trinkwasser. Manchmal kommt es zu »Kollateralschäden«, zum Beispiel der Hühnerstall samt Bewohnern oder die Schafherde. Und grauenhafterweise auch zu verbrannten Menschen in ihren Autos auf der Flucht im Wald oder im Feriencamp.

In früheren Zeiten waren es oft die Waldarbeiter selber, die Feuer legten. So bekamen sie wieder einen befristeten Arbeitsvertrag für die Aufforstung. Dem hat die Regierung aber jetzt einen Riegel vorgeschoben, an solchen Stellen ist für die nächsten 15 Jahre alles blockiert. Auch die Jäger, die an vielen Stellen illegal Brandrodung betrieben, um das Wild aufzuscheuchen, sterben Gott sei Dank langsam aus. Zumal es jetzt auch viel mehr Naturschutzgebiete gibt, in denen das Herumballern verboten ist (Italien ist von den Standards einer deutschen Jägerprüfung weit entfernt).

Wolken ziehen am Horizont auf, der Himmel verdunkelt sich. Endlich Regen …

9. Ankunft

Der Landeanflug auf Catania ist – bei ruhigem Wetter – recht kurzweilig, es gibt interessantes zu sehen. Bei den Liparischen oder Äolischen Inseln hat das Flugzeug die Reiseflughöhe verlassen, es ist bereits zu spüren, dass es »runtergeht«. Rechter Hand sind die Inseln Filicudi und Alicudi, die nach Westen, Richtung Palermo, positioniert sind. Die Nordküste Siziliens ist gut zu erkennen, meist wird die Küstenlinie bei Capo d'Orlando passiert und sehr breit ist das Tal des Torrente Rosmarino auszumachen. Dann die Peloritanerberge und die Ebene von Catania beginnt. Schon sind die weiten Anbauflächen der Orangen-plantagen gut sichtbar und wer links sitzt, hat jetzt gute Karten. Er befindet sich nämlich auf gleicher Höhe mit den Ätna-Kratern, auf circa 3.000 Metern. Oft sind die Entga-sungen aus den Kratern zu sehen und im zeitigen Frühjahr eine dekorative Schneehaube, die sich malerisch gegen den blauen Himmel abhebt. Unter dem Flugzeug mäandert das kleine, nur 50 km lange, Flüsschen Simeto dem Meer entgegen. Es entspringt hinter dem Ätna und mündet südlich von Catania ins Ionische Meer. Zwischen den dunkelgrünen Blättern der Orangen, Mandarinen und Grapefruits schimmern Reihen von Zypressen und Oliven, die die kalten Fallwinde vom Berg und die salzigen Böen vom Meer her abhalten, die den Zitrusbäumen schaden. Nur die Zitronen sind widerstandsfähig und daher näher an der Küste. Alte Gehöfte sind von dieser wunderbaren Vegetation umgeben und überall blinken Wasserreservoirs in der Sonne. Die Catania-Ebene wurde bis ins 20. Jahrhundert wegen der dort grassierenden Malaria gemieden, es gibt keinerlei historische Dörfer.

Das Flugzeug kreuzt ganz tief die Schnellstraße und setzt auf der einzigen Start- und Landebahn auf. Am Ende der Piste blinkt das Meer und an manchen Tagen, wenn der Windgott Äolus gar zu kräftig Schub gibt und das Bremsen schwierig ist, wird durchgestartet, eine Schleife über dem Meer geflogen und von der entgegengesetzten Seite her gelandet.

Catanias Flughafen ist nicht weit von der Stadt entfernt, sie ist bei der Landung gut überschaubar. Leider liegt der Flughafen aber in einem vergammelten Industriegebiet mit zum Teil verlassenen und verfallenen Industrieanlagen. In der Nähe sind noch ein Fußballstadion und eine unansehnliche Siedlung, die man lieber nicht kennenlernen möchte.

Feriengäste kommen fast immer in Catania an, Geschäftsreisende in Palermo. Vor einigen Jahren häuften sich in der Presse Berichte von USA-reisenden Europäern, die gleich nach ihrer Ankunft am Flughafen Miami auf dem Weg in die Stadt in ihrem Mietwagen überfallen wurden. Dieses Geschäftsmodell hat man sich in Catania zu eigen gemacht.

Gleiches passierte meinem Mann und mir. Wir kamen allerdings nicht von Fontanarossa (heute heißt der Flughafen Catanias nach dem berühmtesten Sohn der Stadt Vincenzo Bellini), sondern von der innersizilianischen Autobahn Palermo – Enna – Catania. In unserer damaligen Unkenntnis wählten wir dieselbe Route in die Stadt hinein, die ortsunkundige Reisende vom Flughafen wählen. Dummer-

weise fuhren wir auch ein neues Auto, das bei Autover-
mietungen als Leihwagen sehr beliebt ist und wir waren
angeschnallt. Am Gebrauch der Sicherheitsgurte sind
Ausländer sofort zu erkennen.

Wenn ein Flugzeug aus dem Ausland ankommt, bilden sich
sofort lange Schlangen vor den Schaltern der Autover-
mietungen. Und diese werden genau beobachtet. Im
allgemeinen Gedränge und dem stets vorherrschenden
Chaos fällt das nicht auf. Eine Unternehmung, wenn sie
erfolgreich sein soll, braucht schließlich sorgfältige
Planung. Glücklicherweise sind ja alle Gauner über Handys
gut vernetzt. Es handelt sich hier immerhin um eine Firma
mit mehreren Mitarbeitern, die vermutlich auch brav
Schutzgeld, hier Pizzo genannt, an die Mafia entrichtet,
denn sonst könnte sie ihr Gewerbe nicht ausüben.

Wir fuhren also in die Stadt hinein, beileibe nicht um
Mitternacht, sondern an einem Samstagnachmittag so
gegen 16.00 Uhr, es war also viel Betrieb. Ein sonniger,
angenehm warmer Novembertag, so richtig zum Flanieren.
Eine sehr wichtige sizilianische Tätigkeit, der ausgiebig
gefrönt wird. Wir waren auch keineswegs in dunklen,
abgelegenen Altstadtgassen, sondern auf einer der Haupt-
straßen, Corso Vittorio Emanuele, der direkt vor dem
Rathaus auf den Domplatz mit dem Lava-Elefanten
einmündet. Die Straße hat eine leichte Neigung zum
Zentrum hin und ist meist – fast immer – verstopft. Stau in
beiden Fahrtrichtungen, wir mittendrin. Von unten, vom
Rathaus her, kam der orangefarbene städtische Linienbus.
Busse brauchen bekanntlich etwas mehr Platz. Wir waren
eingekeilt, das war der günstigste Moment zu handeln! Ein
Halbwüchsiger schob sich mit seiner Vespa vor unseren

Kühler, wir waren völlig unbeweglich, da wurde die Bande aktiv und an beiden Seiten die Autotüren aufgerissen. Ich spürte den Luftzug, dann langte ein Arm nach meiner Handtasche, die zu meinen Füßen stand, ich trat noch darauf, aber nichts zu machen. Reflexartig sprang ich aus dem Auto. Meinem Mann neben mir ging es nicht besser, auch er stand plötzlich auf der Straße. Sein über dem Sitz aufgehängtes Jackett hatte sich verselbständigt! Schnell wieder ins Auto, vielleicht wäre das sonst auch weggewesen oder hatten die Verbrecher ein Messer in der Hand? Die umstehenden Passanten fanden jedenfalls die unverhoffte Showeinlage amüsant und schauten lachend zu! Na, wenigstens applaudierten sie nicht! Vermutlich erleben sie häufiger derartige Highlights zur Unterbrechung ihres langweiligen Alltags.

Wir jedenfalls waren fix und fertig und fragten uns zur nächsten Polizeistation durch. Der italienischen Sprache mächtig, konnten wir zumindest den Überfall anzeigen. Aber dort kannte man dieses Geschäftsmodell schon und nahm es gelangweilt zu Protokoll. Während wir vor dem Kommissariat einparkten, kamen einige Jungs auf Vespas vorbei, die kurz anhielten und uns lachend musterten. Vermutlich unsere Überfall-Kontrahenten, die sich vergewissern wollten, dass wir das Spektakel auch anzeigten.

Natürlich wurde unsere Anzeige nach einiger Zeit zu den Akten gelegt, da die Täter nicht zu ermitteln waren. Irgendwann bekamen wir einen Anruf von der Carabinieri-Station unseres Heimatortes. Zumindest waren unsere Wagenpapiere wieder aufgetaucht und dort abzuholen.

Eigentlich hatten wir Glück im Unglück: In der Jacke meines Mannes befand sich nur ein Lottoschein (ob die Gauner damit wohl gewonnen haben?), also weder Brieftasche mit Papieren noch Geld. Unsere Reisekasse, eine größere Summe in Geldscheinen, steckte in der Tasche meiner Jeans, in weiser Voraussicht und Kenntnis sizilianischer Gepflogenheiten, was das Verschwinden von Handtaschen angeht. Leid tat es mir nur um die Handtasche an sich, sie war neu und von Freunden zum runden Geburtstag geschenkt. Diese hatten sich nicht lumpen lassen und richtig viel hingeblättert. Darin war natürlich alles, was Frau so braucht: die Wagenpapiere, mein internationaler Führerschein (der nie wieder auftauchte), etwas Kleingeld (sicher eine Enttäuschung), Sonnenbrille, Schminkutensilien, ein Fotoapparat (nicht digital), der sich im Verlauf der Reise als defekt erwiesen hatte. Zwar fuhren wir noch mal zum Tatort zurück und durchsuchten die Müllcontainer, aber die Tasche war nicht aufzufinden. Manchmal liegen im Rinnstein Handtaschen, von denen man sich denken kann, dass ihre Besitzerinnen sie dort nicht freiwillig deponiert haben!

Danach habe ich von mehreren derartigen Überfällen gehört, wenn ich unsere Geschichte zum Besten gegeben habe, es scheint ein einträgliches Geschäft zu sein. Eine Schweizer Freundin von mir, die in Catania lebt und die Masche kennt, bekam eine Anzeige wegen unterlassener Hilfeleistung. Sie umschiffte einfach den Burschen elegant, der sich vor ihrem Auto mit der Vespa in die Gosse warf. Ein mit uns befreundetes Paar aus der Provinz entging einem Überfall nur deshalb, weil es einen Hund im Auto hatte, der fürchterlich zu toben begann, was zum Abbruch der Aktion führte. Hunde scheinen der beste Schutz zu sein, denn Sizilianer und auch Italiener haben panische Angst vor

Hunden. Vielleicht, weil sie sie nicht lieben, schlecht behandeln und nicht einschätzen können. Möglicherweise glauben sie auch an die Rache der Kreaturen und fürchten sie!

Den Bewohnern von Catania habe ich ihr Amüsement bei diesem Überfall nicht verziehen, obwohl es schon viele Jahre her ist. Da bin ich wie der Elefant auf dem Domplatz und vergesse nie etwas. Immer, wenn ich Touristengruppen zum Sightseeing durch Catanias historisches Zentrum führe und wir uns den berühmten Fischmarkt, Domplatz und die Prachtstraße Via Etnea mit den herrlichen Barockbauten plus dem römischen Amphitheater, immer auffällig unauffällig von Carabinieri auf Motorrädern begleitet (man weiß um die Handtaschen-Problematik), ansehen, lege ich den Zeitplan so, dass zum Geldausgeben kein Moment Zeit bleibt. Solche Gauner dürfen an Touristen nichts verdienen. Ich weiß, dass meine Rache sicher die Falschen trifft, aber ich genieße sie immer wieder!

10. Botschafter

Der allerbeste Botschafter für Sizilien – und ganz besonders für Palermo – ist Palermos, jetzt ehemaliger, Bürgermeister, Leoluca Orlando. Er hat die Stadt und die Insel endlich wieder positiv ins Gespräch gebracht. Kaum ein Journalist oder Schriftsteller, der sich mit Sizilien befasst und ihn nicht persönlich getroffen hat. Er ist überall präsent und rührt unermüdlich die Werbetrommel. Wer etwas über ihn erfahren will, muss sein Buch »Ich sollte der Nächste sein« lesen. Mutig hat er sich der Mafia in den 80er- und 90er-Jahren entgegengestellt, als das Morden in Palermos Straßen an der Tagesordnung war. Besonders bewundere ich seine Ehefrau Milli, die dieses Leben mitgemacht und ihn immer unterstützt hat. Insofern ist sie nicht sizilianisch, sondern eher europäisch.

Aber wie hat Palermo sich gewandelt, seitdem er zum ersten Mal zum Bürgermeister gewählt wurde! Diese Wahl ist quasi als erstes Aufmucken der Bevölkerung gegen den Würgegriff der Mafia zu verstehen. Die stark bombengeschädigte und zugemüllte Altstadt wurde endlich restauriert. Er hat es geschafft, hierfür EU-Mittel zu bekommen, die dann auch wirklich für ihre ursprüngliche Bestimmung ausgegeben wurden und nicht in den üblichen Mafia- und Korruptionskanälen versickert sind. Es wurden Fußgängerzonen geschaffen – gegen den Willen vieler Ladenbesitzer. Die sind heute ganz glücklich über die Kauffreudigkeit der gemütlich flanierenden Besucher. An vielen Ecken stehen flippige jugendliche Musikkapellen, wahrscheinlich studierte Arbeitslose, die hoffentlich von den umliegenden Geschäften unterstützt werden. Bei meinem letzten Besuch tanzte ein Brautpaar auf der Kreuzung der vier Barockecken unter dem Applaus der Zuschauer und wurde auf vielen Handys filmisch verewigt. Der dumpfe Druck der bleiernen Jahre ist hoffentlich für immer verflogen. Endlich gibt es ein Nachtleben, die sogenannte »Movida«, in den Altstadtgassen und -plätzen. Tische und Stühle vor imposanter Kulisse, voll genutzt in den lauen Sommernächten. Vor 30 Jahren war das anders. Spätestens um 20.00 Uhr gingen an allen Geschäften die eisernen Rollläden runter, die Lichter gingen aus und innerhalb von 15 Minuten stand man mutterseelenallein auf der verlassenen, dunklen Straße. Wir sind dann auch ganz schnell in unser Hotel geflüchtet. Das ist »Gott sei Dank« Geschichte, unheimliche Geschichte. Heute ist Palermo wieder eine lebendige Stadt wie zu den glücklichen Zeiten vor dem Ersten Weltkrieg, bunt und voller Lebensfreude.

Bester Beweis hierfür sind die vielen Kreuzfahrtschiffe, die jetzt im Hafen anlegen. Quasi zwischen den Häusern. Fast alles, außer der Kathedrale und dem Kreuzgang der Normannen in Monreale, kann zu Fuß besucht werden. Diese Wiedergeburt verdankt die Stadt Leoluca Orlando!

In den letzten 20 Jahren des vorigen Jahrhunderts hatte ich den Bürgermeister bei verschiedenen Veranstaltungen erlebt und einmal traf ich ihn, als ich mit einer Gruppe deutscher Landfrauen die Stadtheilige Rosalia auf dem Hausberg, dem Monte Pellegrino, besuchte. Wir wurden nur auf ihn aufmerksam, weil Kameraleute herumwieselten, dann sahen wir die Bodyguards. Eigentlich wird man so erst richtig auf bekannte Persönlichkeiten aufmerksam. Wir begrüßten ihn und da er sehr kommunikativ ist und gut Deutsch spricht (er hat in Heidelberg studiert), ergab sich ein kleines Gespräch. Dann ging jeder Pulk seiner Wege. Als ich ihm danach zu einer europäischen Auszeichnung gratulierte, bekam ich ein handgeschriebenes »Danke« auf einer historischen Postkarte, die seine ererbte Jugendstil-Villa zeigt. Die Karte steht nun hinter Glas in meinem Wohnzimmer.

Natürlich besitze ich auch seine Bücher über den Kampf gegen die Mafia und Vetternwirtschaft, die aber nicht in italienischer Sprache erschienen sind, und eines Tages kam mir die Idee, doch einmal eines signieren zu lassen. Also, mein nächster Palermo-Besuch mit Buch unter dem Arm. Ich verfasste ein Begleitschreiben und hatte die Idee, Buch und Schreiben beim Pförtner abzugeben. Und es vielleicht – mit Glück – signiert zurückzubekommen. Die meisten Stadtbewohner wissen, wo der Sindaco (Bürgermeister) wohnt, nur der schlafmützige Ehemann meiner Freundin schaute mich groß an, als ich ihn bat, mich zu begleiten. Eines Morgens stiefelten wir los, die Via Dante zog sich in die Länge. So standen wir vor der historischen Villa, aber mit leerem Pförtnerhäuschen. Was tun? Da öffnete sich plötzlich – wie von Zauberhand im Märchen (!) – das schmiedeeiserne automatische Eingangstor und ein Wagen mit Motoradeskorte kam in Sicht – und wir waren drinnen! Die fuhren raus und keiner kümmerte sich um uns! Der Eingang war hinterm Haus gelegen und auf den Stufen stand eine Dame, die uns freundlich mit den Worten »Ich bin Milli« und Handschlag begrüßte. Glücklicherweise wusste ich durch die Buchlektüre den Vornamen der Ehefrau Orlandos! Ich sagte mein Sprüchlein auf und wollte ihr mein Päckchen in die Hand drücken. Aber nichts da, wir wurden hereingebeten: »Mein Mann ist im Arbeitszimmer!« So kam ein fröhliches Gespräch mit dem Sindaco zustande, der von einer Kochsendung berichtete, die er kürzlich mit Alfred Biolek im deutschen Fernsehen aufgezeichnet hatte: »Die Rezepte meiner Gäste«, bei der er ein sizilianisches Spaghetti-Rezept vorgestellt hatte. Mein mitgebrachtes Buch wurde signiert und nach einer knappen Stunde waren wir wieder draußen. Ein unerwartetes Erlebnis! Das wir eigentlich einer Schwachstelle in den Sicherheitssystemen zu verdanken hatten – schlimm!

Wie das Schicksal manchmal spielt, haben wir uns drei Monate später in meiner deutschen Heimatstadt wiedergetroffen, wo Leoluca Orlando aus seinem Buch vorlas. Nach der Lesung in der Alten Hauptpost fand ein kleiner Umtrunk statt und mein sizilianischer Mann und ich gingen seinen Landsmann begrüßen. Der konnte sich tatsächlich noch an meinen Besuch erinnern (oder tat er nur so?) und nach einer kurzen Unterhaltung zu dritt auf sizilianisch trennten sich unsere Wege.

11. Leute

In 30 Jahren Sizilien habe ich natürlich die unterschiedlichsten Leute kennengelernt. Viele waren älter als ich und leben nicht mehr, aber ich erinnere mich noch gut an sie. An manche mit Wehmut, an andere mit Wut, die langsam verraucht. Aber an viele Personen habe ich schöne Erinnerungen.

Aurora

Da war meine Freundin Aurora, mehr als ein Jahrzehnt älter als ich. Sie ist in Palermo aufgewachsen und hat fast ihr ganzes Leben dort verbracht. Geboren in Norditalien, woher ihre Mutter stammte. Ihr Vater war Palermitaner, die Familie gehörte zur »besseren Gesellschaft«.

Aurora war Künstlerin, sogar eine recht bekannte in Sizilien. Ich lernte sie in ihrem letzten Lebensjahrzehnt kennen. Günter Grass begegnete ihr in Palermo während seiner Sizilienreise in den 50er-Jahren. Sie studierte damals an der Kunstakademie und Günter Grass war ja ursprünglich Bildhauer. Diese Freundschaft währte bis zu seinem Tod und gelegentlich besuchten sie sich gegenseitig mit ihren Ehepartnern. Er hat ihr in seinen Lebenserinnerungen »Beim Häuten der Zwiebel« ein literarisches Denkmal gesetzt.

Viele Monate im Jahr lebte Aurora auf einer kleinen sizilianischen Insel. Seitens ihres Mannes hatte die Familie dort eine Barockvilla mit einem kleinen Park geerbt. Mit Immobilien waren sie reichlich bestückt und Aurora liebte es, Freunde dorthin einzuladen. So verbrachte ich mit ihr Sommerwochen auf ihrem Landgut in der Provinz, wo Oliven und Kirschen auf 13 Hektar wuchsen und eine herrliche Aussicht auf das innersizilianische Bergland den Rahmen bildete. Oder Wintertage in der kleinen, aber feinen Jugendstil-Villa mit Garten im Zentrum Palermos. Alle diese Häuser waren komplett im Stil des 18. und 19. Jahrhunderts möbliert und vermittelten das Gefühl, beim »Gattopardo« Gast zu sein. Einmal sagte meine Freundin zu mir:»Ich wünsche mir ein Haus, das ich selbst eingerichtet habe!«, aber dieser Wunsch ging nie in Erfüllung. Ihr Barock-Elternhaus in Palermo wurde verkauft: »Es war zu groß für uns, es hatte 13 Zimmer!« Natürlich wollten alle diese Dinge auch gepflegt sein und verschlangen einen Haufen Geld, schon allein an Grundsteuer.

Aurora war eine begnadete Köchin und duldete keinen Besuch oder auch nur Hilfe in der Küche. Es gibt ein kleines, ungewöhnliches Kochbuch aus ihrer Feder mit den typischen Gerichten der Äolischen Inseln. Die tollen Fotos dazu mit dem antiken Geschirr aus ihrem Haushalt hat natürlich der damalige sizilianische Top-Fotograf gemacht, der viele wunderbare Bildbände über ganz Sizilien publiziert hat. Ich lernte ihn bei ihr kennen, er hatte seine Kamera immer griffbereit, auch bei Essenseinladungen. Aurora war mit allen Leuten befreundet, die Rang und Namen hatten, warum eigentlich mit mir?

Die letzten Jahre ihres Lebens verbrachte sie als Witwe auf der Äolischen Insel, auf der auch ihr verheirateter Sohn lebte. Die Tochter zog das umtriebige Stadtleben Palermos vor. Mit zunehmendem Alter wurden ihre Freunde natürlicherweise immer weniger und schließlich verabschiedete sich auch Aurora, gerade als ich den Winter in Deutschland verbrachte und somit den »ultimo saluto« verpasste. Ich habe viele Erinnerungen an sie: Von ihr gemalte Bilder, Keramiken oder kleine Geschenke, die sie mir machte. Aber am schönsten sind die Fotos und die vielen gemeinsam verbrachten Stunden, die mein Leben bereichert haben.

Nunziatina

Eine große Reise hat Nunziatina in ihrem Leben gemacht: nach Australien. Allerdings nicht zu ihrem Vergnügen. Sie besuchte ihre ausgewanderten sizilianischen Verwandten, die sich dort ein besseres Leben erarbeitet hatten. Und genau das wollte sie herausfinden – in Australien bleiben oder doch lieber zurück auf ihre Heimatinsel? Damals war ein Flug unerschwinglich und auch außerhalb der Vorstellungskraft; die Auswanderer wählten mit ihrer ganzen Habe das Schiff. Und bereits Etablierte holten ihre Verwandten nach.

Sie blieb nicht – zurückgekehrt auf ihre kleine Äolische Insel heiratete sie einen Fischer, den sie sich selbst ausgesucht hatte. Fischerei war in den Sechzigern noch ein lukratives Geschäft. Nun ist der Fischbestand um 80 Prozent zurückgegangen und die Fischer haben von der EU Abwrackprämien für Boote und Netze bekommen. Von dem Geld kauften sie andere Boote, mit denen Touristen heute zu den Buchten, Grotten und Stränden fröhliche Ausflüge mit fröhlichen Kapitänen unternehmen. Es hat sich also einiges geändert.

Auf dem Hochzeitsbild zwei hübsche junge Leute, sie ganz traditionell im langen weißen Kleid. Die erste Schwangerschaft: Zwillinge, zwei Mädchen. Aber sie leben nur wenige Tage. Die jungen Eltern sind untröstlich, ihre Kinder! Die verzweifelte Mutter wird bald wieder schwanger: alles wird gut! Wieder Zwillinge, ein Pärchen. Aber nur der Junge überlebt. Er wird 30 Jahre später an einem sonnigen September-Sonntagvormittag an einem Aneurysma sterben, während die Eltern hilflos dabeistehen. Als der Krankenwagen eintrifft, ist bereits alles vorbei. Aber die Sanitäter hätten ihm auch nicht mehr helfen können.

Vorerst aber lebt der kleine Junge. Ein Brüderchen kommt – ein Einzelkind! Und wieder ein Zwillingspärchen. Die Familie ist komplett. So eine große Schar will ernährt sein. Aber sie sind fleißig und genügsam. Nunziatinas Familie hat Grundbesitz. Sie bekommt einen Acker geschenkt und gemeinsam bauen sie dort ein kleines Wohnhaus, das sie sich vom Mund absparen. Der Garten ist fruchtbar, Obst und Gemüse sind von bester Qualität und immer frisch, dazu Fisch direkt aus dem Meer vor ihrer Haustür. Sie sind glücklich miteinander. Dann erkrankt der Familienvater an Parkinson. 7 Jahre lang ist er bettlägerig. Seine Frau pflegt ihn. Die Kinder sind jetzt erwachsen und helfen, wo sie nur können. Die Tochter als kompetente, geduldige Pflegekraft, die Jungs haben Berufe erlernt. Alle sind arbeitsam. Die Kinder heiraten, der Ehemann stirbt.

Nunziatina, die ihr persönliches Fegefeuer schon zu Lebzeiten durchlaufen hat, glaubt fest an Gott und daran, dass alles so sein sollte. Für Sohn und Ehemann lässt sie am Todestag eine Messe lesen. Durch Heirat sind wir weitläufig miteinander verwandt und außerdem gleichaltrig, aber dieses Gottvertrauen ist für mich schwer zu begreifen. Locker protestantisch in Mitteleuropa aufgewachsen, fehlt mir jeglicher Bezug zu hölzernen Heiligenfiguren und Prozessionen, da hat auch Sizilien nichts dran ändern können. Trotz eines aus meiner Sicht schrecklichen Lebens hält sie in unerschütterlichem Glauben daran fest! Ich bewundere sie. Mit allen Unterschieden sind wir quasi Freudinnen geworden.

Heute lebt Nunziatinas älterer Sohn mit seiner Familie bei ihr im Haus. Sie hat mit ihrer Schwiegertochter einen Sechser im Lotto gewonnen. Die backt die wunderbarsten Torten und regionale Dolci, malt, näht, sieht dazu noch gut aus und ist intelligent. Sie ergänzen sich wunderbar, denn Nunziatina ist die Meisterin der regionalen Küche. An Feiertagen bekommen wir immer eine Auflaufform mit dem reichhaltigen, wahnsinnig nahrhaften Nudelgericht »Pasta al Forno« und selbstgemachte Süßigkeiten. Und erst ihr Zitronenlikör ist wirklich gut! In jedem Winter, wenn die Zitronen reifen, bekommt sie von mir einen Großauftrag.

So hat Nunziatina ihren Platz in der Familie und ich denke, sie ist trotz allen Leids glücklich. Ihre Kinder wohnen alle in der Nähe und sie hat sechs wirklich wohlgeratene Enkelkinder. Und Kinder sind nun mal ihr Leben. Nur ihre Gesundheit könnte etwas besser sein. Wir treffen uns mindestens einmal pro Woche, dann hat jeder von uns ein offenes Ohr und ein offenes Herz. Denn auch ich wohne nur einen kleinen Spaziergang weit entfernt und passiere fast täglich die Straße vor ihrem Haus, dann winken wir uns zu. Wir sind sozusagen eine Symbiose eingegangen, obwohl oder gerade, weil wir so unterschiedlich und doch so gleich sind. Wir tun uns beide gut!

Francesco

Francesco wird im Februar 1908 geboren. Es wird ein schlimmes Jahr werden – schlimm, sehr schlimm, katastrophal. Aber jetzt hat das Jahr gerade erst angefangen und er erblickt das Licht der Welt auf der kleinen Insel Lipari, auf der seine Familie Häuser und Grundstücke besitzt. Er ist das erste Kind des jungen Paares. Nach ihm wird später noch ein Brüderchen kommen. Noch ist alles gut, keiner ahnt etwas, aber das Jahr wird böse enden und für viele nicht nur das Jahr, sondern auch ihr Leben! Vorerst ziehen die jungen Eltern mit dem Säugling zurück in die Stadt, die Provinzhauptstadt Messina. Finanziell sind sie gut gestellt und müssen sich keine Sorgen machen. Der Vater ist Dozent für Latein und Griechisch an der Universität. Er spricht acht Sprachen, darunter auch Arabisch.

Als der kleine Francesco 10 Monate alt ist, bricht das Unglück über sie herein. An einem regnerischen Wintermorgen nach Weihnachten – noch in der Dunkelheit – herrscht plötzlich nur noch Chaos: das große Erdbeben von Messina. Aber die Familie hat Glück im Unglück: Ihre Straße kommt dabei noch gut weg. Zwar bricht der halbe Fußboden im Schlafzimmer weg, aber Francescos Hängematten-Wiege baumelt sicher von der Decke. Alle Familienmitglieder überleben. Diese Gnade haben 80.000 ihrer Mitbürger nicht.

Die ersten 10 Jahre seines Lebens wird das Kind in einer hölzernen Baracke leben, dann ziehen alle endlich wieder in ein Steinhaus. Francesco absolviert die höhere Schule und studiert Jura. Jetzt ist er ein fescher junger Offizier. Im provisorischen Theater sieht er bei einer Wohltätigkeitsveranstaltung die Frau seines Lebens: Eine junge Dame, am Konservatorium ausgebildet (eine Tätigkeit, die für weibliche Mitglieder höherer Kreise gerade noch schicklich ist), gibt mit ihrem Vater, einem Chirurgen, vierhändig ein Klavierkonzert. Er heiratet sie, als sie 18 Jahre alt ist. Ein Jahr später bekommen sie ihr erstes Kind, ein Mädchen.

Auch sie müssen sich finanziell keine Sorgen machen. Die Apotheke des ausgewanderten amerikanischen Großvaters hat ein komfortables Polster erwirtschaftet. Die Zeiten sind schwierig, die Faschisten an der Macht. Ein Stammhalter wird geboren. Der Krieg beginnt. 1943 zieht die Deutsche Armee aus Sizilien ab. Die Amerikaner überziehen Messina aus 5.000 Metern Höhe mit einem Bombenteppich. Die italienische Abwehr kann so weit oben nichts ausrichten. Viele Bomben landen in der Meerenge, immerhin eine heute stark befahrene Schifffahrtsstraße, und liegen heute noch als Blindgänger dort. Der schlimmste Angriff ist am 13. August 1943. 5.000 Bewohner Messinas sterben, 60 Prozent der Stadt sind mal wieder dem Erdboden gleichgemacht. Und wieder überlebt die Familie.

Francesco wird Oberster Richter in Barcellona, einer Kleinstadt westlich von Messina an der Nordküste mit Blick auf die sieben Äolischen Inseln. Die Zeiten sind äußerst unsicher, marodierende Banden durchziehen Sizilien. Zu seiner Sicherheit besitzt er eine Pistole. Dann geschieht etwas, was sich nicht mehr genau nachvollziehen lässt. Der 13-jährige Sohn findet die Waffe und erschießt sich versehentlich. Die Eltern sind wie erstarrt. Zur Bewältigung ihrer Trauer entschließen sie sich zu einem weiteren Kind. Wieder ein Junge und der bekommt wiederum den Vornamen des Verstorbenen. Dann wird ein weiteres Mädchen geboren.

Jetzt schickt der Staat Francesco für ein Jahr nach Caltanissetta, ins sizilianische Landesinnere, wo er Gerichtspräsident wird. Seine größer gewordene Familie bleibt in Messina. Als er zurückkommt, ist er auf dem Höhepunkt seiner Karriere: Oberster Richter von ganz Sizilien! Auch sein Sohn studiert Jura, ebenso viel später dessen Sohn.

Seine geliebte Frau stirbt sechs Jahre vor ihm. Er selbst wird 83 Jahre alt.

Erst in seinen letzten Lebensjahren lernte ich Francesco im Kreise seiner Familie kennen und habe ihn als sehr charmanten, liebenswürdigen, kultivierten Sizilianer, mit dem man gerne zusammen war, in Erinnerung.

Antonio

Antonio wird vor dem Krieg in einer sizilianischen Kleinstadt geboren und zwar dort, wo die Ebene von Catania Richtung Syrakus in das Hügelland übergeht. Seine Eltern sind einfache Leute und sein Vater müht sich ab, seine Familie – Ehefrau und drei Kinder – mit unqualifizierten Gelegenheitsarbeiten zu ernähren, denn zu damaliger Zeit gab es für die einfache Landbevölkerung keine Berufsausbildung. Der Krieg beginnt und der Vater wird eingezogen.

In Griechenland und Deutschland übersteht er die Zeit unverletzt als LKW-Fahrer. 1943 dann die Landung der Amerikaner, Engländer und Kanadier an Siziliens Südküste bei Licata und Syrakus. Zum ersten Mal in seinem Leben sieht Antonio Männer mit schwarzer Hautfarbe. Der Krieg in Sizilien ist vorbei, aber nicht der Hunger.

Die Familie ist arm und auf Lebensmittelunterstützung durch die Gemeinde angewiesen. Der Vater arbeitet auf den Orangenplantagen, die überall in der großen Ebene des Simeto-Flusses angelegt sind. Antonio absolviert die Schule und mit 17 Jahren kann er in die Polizeitruppe der Carabinieri eintreten. Ein Onkel von ihm ist schon dort beschäftigt und auf dessen Betreiben gelingt es ihm glücklicherweise, einen der begehrten Posten zu ergattern. Sechs Jahre lang ist er Carabiniere, aber er hat andere Vorstellungen von seinem Leben. Er gibt die sichere Stelle im Staatsdienst auf und geht auf die Insel Elba. Ihm schwebt eine Karriere im Tourismus vor, der sich in Italien zu entwickeln beginnt. Und auf Elba gibt es eine Hotelfachschule, die er ein Jahr lang besucht.

Dann sind Fremdsprachen an der Reihe. Antonio geht nach England und wird mit seiner Hotelfachausbildung Butler. Zwei Jahre arbeitet er für eine Dame und hat wieder Glück. Seine Arbeitgeberin ist Freundin von Queen-Mum, die manchmal zu Besuch kommt und einmal sogar Winston Churchill nebst Gattin. Er serviert allen korrekt die Mahlzeiten und wird gebeten, doch weiterhin in England zu bleiben. Als Geschenk wird ihm ein Haus angeboten, doch Antonio zieht es nun nach Deutschland. In München lernt er seine spätere Ehefrau kennen, doch ihm fehlt noch die französische Sprache. Also auf nach Lausanne. Das junge

Mädchen mit seinen 18 Jahren folgt ihm nach Genf und findet Arbeit in einer Bank. Ihr Vater ist allerdings nicht begeistert von dem sizilianischen Schwiegersohn in spe.

Die Beiden heiraten und ziehen nach Catania, dort wird ihr Sohn geboren. Antonio arbeitet in einem Hotel. Aber seine Frau hat die Geburt nicht gut überstanden und erkrankt. Mit dem Kind geht sie zurück nach München, um sich auszukurieren. Nach ihrer Genesung ziehen alle in einen sizilianischen Touristenort und eröffnen ein Immobilienbüro und dann eine Reiseagentur. Die Geschäfte laufen blendend, man ist auf deutsche Gäste spezialisiert. Es sind die Jahre des Booms und die Gewinne werden in Immobilien in der Umgebung investiert, mit denen sich weiterer Gewinn erwirtschaften lässt. Mittlerweile ist der Sohn erwachsen, die Ehe zerbricht. Die Wege trennen sich.

Keiner von den jetzt Geschiedenen heiratet wieder. Zwar haben beide weitere Beziehungen, aber die große Liebe ist nicht mehr dabei. Irgendwie passt es nie so ganz, im Alter ist man wählerischer und setzt andere Prioritäten. Die Bedenkenlosigkeit der Jugend ist vorbei. Heute haben sie drei Enkelkinder und jeder der ehemaligen Ehepartner lebt finanziell gut abgesichert in der eigenen Immobilie im Schatten des Ätna. Also fast wie im Paradies, nur die Krankheiten und Zipperlein des Alters sind die Schlange in diesem Garten!

12. Ausweise

In Italien besteht in Beherbergungsbetrieben eine gesetzliche Meldepflicht. Das bedeutet, in Hotels, Pensionen, Agritourismen und B&B-Häusern gibt man bei der Ankunft seinen Ausweis ab, der dann registriert und täglich an die Carabinieri-Station mittels Computer weitergeleitet wird. Das macht Sinn, weil man glaubt, so die Bewegungen der Mafiosi kontrollieren zu können. Was insofern Blödsinn ist, als sie sowieso bei »Freunden« unterkommen oder in Hotels, die der Mafia gehören und zur Geldwäsche betrieben werden.

Wenn Sie also einchecken, kommt erst mal der Ausweis auf den Tresen, vorher gibt es keinen Zimmerschlüssel. Das gilt natürlich auch für ausländische Touristengruppen, die Sizilien kennenlernen wollen. In diesem Fall reicht eine Liste mit allen persönlichen Daten, was wiederum mit dem deutschen Datenschutzgesetz nicht vereinbar ist. Also: alle Ausweise raus. Bis diese registriert sind, dauert bis zum nächsten Tag, dementsprechend angesäuert ist das Rezeptionspersonal, weil das erhebliche Mehrarbeit bedeutet.

In einem schönen Hotel an der Nordküste wird übernachtet. Herrlich am Hang gelegen, traumhafter Blick auf alle Blauschattierungen des Meeres, im Rücken hohe Berge. Die adelige Familie hat ihren Gutshof zu einem Luxushotel umfunktioniert. Haupthaus, Stallungen, Vorratshäuser – alle Zimmer geschmackvoll eingerichtet. Dazu eine familieneigene Kapelle und ein großer Pool. Mit mediterranen Pflanzen, versteckten Sitzgruppen und leise plätschernden Brunnen angelegte Gartenabschnitte.

Wir beziehen unsere Zimmer, nehmen ein üppiges sizilianisches Abendessen zu uns, und dann betten wir unsere müden Häupter.

Am nächsten Morgen nach dem Frühstück und vor dem Start zur Besichtigungstour gibts die Ausweise zurück. Alles ist gewissenhaft registriert. Oder nicht? Acht Ausweise fehlen noch – heute Abend also. Es geht los. Volles Programm. Viel zu tippeln. Siziliens historische Straßen sind nicht für Busse konzipiert.

Voller neuer Eindrücke, geschafft, verschwitzt und hungrig laufen wir wieder im Hotel ein. Eine Dusche und ein schmackhaftes Menü, mehr brauchen wir nicht. Oder doch? Die Ausweise! Große Entschuldigung: Wir suchen noch!

Letzter Abend, jetzt wirds eng. Unmut macht sich breit. Meine Stimme wird lauter und meine Höflichkeit ist dahin. Ich drohe den Mitarbeitern an der Rezeption. Das Personal gibt folgenden »guten Rat«: »Machen Sie nach Ihrer Rückkehr in Deutschland eine Verlustanzeige bei der Polizei!« Und der Flug? Jetzt reichts! Ich werde bei den Carabinieri eine Diebstahlsanzeige machen, und zwar gegen das Hotel! Ich bitte darum – ich verlange die Bestellung von zwei Taxis nach dem Abendessen, damit alle Geschädigten zusammen mit mir zur örtlichen Carabinieri-Station fahren. Die werdens schon richten!

Die Koffer sind gepackt, wir haben das Hotelrestaurant geflutet und lassens uns schmecken. Während des Hauptgangs kommt plötzlich ein reitender Bote zu Fuß vom Empfang – mit den vermissten Ausweisen! Erklärung: Sie waren hinter ein Bord gerutscht! Große Erleichterung, der letzte Abend ist gerettet! Darauf können wir anstoßen – auf unsere schön verbrachte gemeinsame Woche und auf eine gute Heimreise.

Ich bin erleichtert: Das Problem hat sich in Luft aufgelöst! Naiv – wie ich bin – glaubte ich wirklich an ein Versehen bzw. Missgeschick. Bis ich eines Tages in gemütlicher Runde mit sizilianischen Freunden mein Erlebnis zum Besten gebe und mich über die Schlamperei in Sizilien beschwere. Ein hohes Tier der örtlichen Präfektur klärt mich auf: Diese Ausweise waren dafür vorgesehen, anderen Menschen eine neue Identität zu geben. Wow! Nur leider hatte man in diesem Hotel nicht mit meiner Hartnäckigkeit gerechnet und damit, dass ich im Vorbereitungskurs für meine Fremdenführer-Lizenz bei dem Thema Hotelhaftung auch mal aufgepasst habe!

Jahre später lese ich im renommierten »Giornale di Sicilia«, dass genau dieses Hotel als Mafiavermögen vom italienischen Staat eingezogen wurde!

13. Hotel

In Palermo gab es ein Hotel in der Altstadt, das ich heiß und innig geliebt habe. »Gab«, denn das alte traditionsreiche Familienhotel wurde verkauft, umgebaut und dann geschlossen. Der damalige Besitzer hat es aus Altersgründen aufgegeben und starb dann auch wenige Jahre später unverhofft, so dass er wahrscheinlich den Erlös noch nicht einmal genießen konnte. Ein distinguierter Herr, gutaussehend, in den meine Freundinnen und auch ich immer ein wenig verliebt waren, obwohl er eigentlich einer anderen Generation angehörte. Charmant, mit besten Umgangsformen (in Sizilien eigentlich eher selten). Dem »ja« vor dem Traualtar hatte er zeit seines Lebens auszuweichen gewusst, dabei war er eine richtig gute Partie und sicher umschwärmt.

In älteren Sizilien-Büchern wurde das Hotel oft als Mafia-Treffpunkt erwähnt. Einmal habe ich den Hotelier, mit dem wir recht gut bekannt waren, darauf angesprochen. Er erzählte, dass in seiner Jugend in der Lobby oft ein alter, tattriger, korpulenter Mann aus dem ländlichen Innersizilien in einem Sessel saß, der von allen hofiert wurde und viele Besucher empfing. Aber er habe sich nie mit ihm unterhalten. Also: Die typische nichtssagende Antwort auf meine Frage!

Das Gebäude war ein ungeheuer weitläufiger alter Kasten, in dessen Fluren man sich leicht verirren konnte. Sozusagen ein Riesen-Kreuzfahrtschiff im Zentrum der Altstadt. Vermutlich im Unterhalt ein Fass ohne Boden. Aus fast allen Fenstern ging der Ausblick auf düstere unbewohnte Palazzi, die leise vor sich hin bröckelten. Oder in noch düstere Innenhöfe und Luftschächte. Die Prunkzimmer hatten allerdings Blick auf die Piazza Pretoria mit dem riesigen toskanischen Springbrunnen, im Volksmund »Schambrunnen« genannt wegen seiner unbekleideten Figuren. Dahinter das Rathaus. Bei Schlaflosigkeit konnte der Gast auf der großen, dort angebrachten Uhr wunderbar die verrinnenden Stunden ablesen.

Es gab einen alten klapprigen Aufzug und im Hintergrund eine weiße Marmortreppe, auf deren erstem Podest ein Barbier seinen Laden hatte. Hier konnte sich der Mann von Welt rasieren und stadtfein machen lassen. So richtig Alt-Sizilien wie in Mafia-Filmen, wo der Pate auf dem Friseursessel erschossen wird, noch etwas Rasierschaum im Gesicht. Während sich der Barbier ängstlich wegduckt und nichts gesehen hat.

Einmal war bei Umbauarbeiten ein Skelett aus einer Wand ans Tageslicht gekommen. Ob antik oder eher neuzeitlich? Wer weiß das schon? Wie lange stand es stumm da und musterte die vorbeigehenden Hotelgäste? Die Stasi ist überall und ganz besonders auf der dreieckigen Insel! Jedenfalls haben die Bauarbeiter es ganz schnell wieder verschwinden lassen, unter einer besonders dicken Putz-Schicht. Nur so konnte man der Stilllegung der Baustelle entgehen!

Im Parterre war ein großer, düsterer Speisesaal. Hoch, langgestreckt, mit Fenstern, die auf eine ebenfalls düstere Altstadtgasse hinausgingen. Um den hässlichen Ausblick zu vermeiden, waren schwere Samtportieren – die vielleicht Eleganz vortäuschen sollten – davor drapiert. Eigentlich nur dem Schein nach Fenster, ich habe sie jedenfalls niemals in ihrer eigentlichen Funktion, Licht zu spenden, wahrgenommen. Die Wände waren mit riesigen Ölgemälden bedeckt, meist Stillleben, die auch düster wirkten. Das Mobiliar stammte augenscheinlich aus den fünfziger Jahren, Vierertische mit braunen Kunstledersesseln. Hier waren zwei Kellner zugange, die beflissen und stumm die Gäste bedienten. Nie habe ich ein Lächeln auf ihren fahlen, gramzerfurchten Gesichtern gesehen. Sie passten zu diesem Saal wie die Faust aufs Auge. Ich schätzte sie auf ein Alter so um die 50. Möglicherweise waren sie um einiges jünger und wirkten nur so. Oder waren sie so alt wie das Hotel? Irgendwie auch sie Teil des Inventars. Am Kopfende des Restaurants, sozusagen an der Küchentür, saß eine Dame an der Kasse, deren Gesichtsausdruck dem der Kellner verblüffend ähnelte. Sie schaute tieftraurig, im Vorhof zur Hölle? Oder hatte ihr Mann sie gerade verlassen? Jedenfalls habe ich sie viele Jahre später, als sie längst pensioniert war, bei einer privaten Feier wiedergetroffen und war verblüfft über ihr Lächeln und ihre sympathische Fröhlichkeit. Vielleicht war das Personal angewiesen, seriös zu schauen?

So bedrückend dieses Szenario wirkte: Hier habe ich die beste »Pasta con le Sarde« meines Lebens gegessen! Das palermitanische Nationalgericht, dessen Rezept die Araber hier zurückgelassen haben. Kurze Makkaroni mit gebratenen Sardinenstückchen, Fenchelgrün, Rosinen und Pinienkernen. Es stimmt, dass es schwer im Magen liegt am Abend, aber ich habe es immer wieder bestellt. Bei Anreise mit einer Touristengruppe telefonisch für alle. Auch sonst war die Qualität der Speisen sehr gut, keineswegs touristisch.

Beim Abendessen sah man daher immer Mitglieder des sizilianischen Parlaments, die hier logierten. Oft in Begleitung von jungen aufgetakelten Damen, die augenscheinlich nicht ihre Ehefrauen waren. Irgendwie schienen sie nicht recht zu den in altmodischen Anzügen mit Schlips gekleideten Herren zu passen. Einmal habe ich »meinen« Busfahrer darauf angesprochen und der meinte lächelnd: »Das merkst du erst jetzt?«

Viele Nächte eines regnerischen, kühlen sizilianischen Winters habe ich in diesem Hotel verbracht. Wenn es früh dunkel wird, der Corso – die alte Hauptstraße – wenig belebt ist und die nach historischem Vorbild geformten Straßenlaternen ein gelbes Licht auf die Barockpaläste werfen, wähnt sich jeder für einen Moment in einem anderen Jahrhundert. Und dann Schwingtür auf und hinein in das hellerleuchtete, weitläufige Vestibül, welch angenehmer Moment, quasi wie heimkommen! Im Speisesaal waren nur wenige Tische besetzt, die Stammgäste grüßten sich. Und dann die langen, spärlich beleuchteten Korridore mit den wenigen bewohnten Zimmern, wie habe ich das genossen. Der Hotelier wahrscheinlich weniger!

Jetzt ist alles Geschichte. Geschichte ist auch die tolle, stiefmütterlich als Abstellplatz genutzte Dachterrasse. Oft stand ich mit einer Touristengruppe aus Koblenz hier oben. Jeder brachte nach dem Abendessen sein Zahnputzglas mit und wir schenkten den Wein ein, den wir an diesem Tag in einem Weingut in der westlichen Provinz Trapani gekauft hatten. Quasi zwischen den Besichtigungen von Dorischen Tempeln und dem mittelalterlichen Bergnest Erice. Und jetzt begannen wir, den herrlichen Rundblick zu genießen, der sich hier bot. Sozusagen »Palermo by night«. Geradewegs vor uns das Rathaus aus dem 17. Jahrhundert mit der beleuchteten Piazza Pretoria mit ihrem Monumentalbrunnen. Dann die vier Barockecken »Quattro Canti« mit den vier Brunnen, vier Jahreszeiten, vier Spanischen Königen und vier Stadtheiligen, an die das Hotel quasi angebaut war. Daneben die Theatinerkirche San Giuseppe, dann schließt sich der Corso – die Hauptstraße – an, mit dem beleuchteten Normannenpalast und dem Neuen Tor im Hintergrund, das die Altstadt nach Süden hin begrenzt.

Davor jede Menge Adelspaläste entlang der Straße: meine Lieblingsresidenz Santa Ninfa mit der sehr hohen Palme im Innenhof, die Ruine des Palazzo Gerace, der den britischen und amerikanischen Bombardements 1943 von Malta aus nicht standhalten konnte und der wieder aufgebaute Palast Belmonte-Riso des damaligen Stararchitekten Marvuglia, der nach neuem klassizistischen Geschmack der Mode des Barock langsam ein Ende setzte. Jetzt schaut man rechts in die Via Maqueda, an deren Ende das drittgrößte Opernhaus Europas steht. Andere Stararchitekten: Vater und Sohn Basile. Sohn Ernesto war d e r mediterrane Jugendstil-Architekt, der wie Peter Behrens in Darmstadt nicht nur Villen, sondern auch Fliesen, Türbeschläge und Möbel entworfen hat. Das Opernhaus war 25 Jahre wegen »Renovierung« stillgelegt und seine Wiedereröffnung ist quasi dem auch im Ausland bekannten Bürgermeister Leoluca Orlando zu verdanken. Dahinter beginnt die Neustadt mit einem Nachkriegs-Büro-»Hochhaus«. Rechts über den Dächern ragt der Hausberg Monte Pellegrino, den Goethe bei seinem Besuch 1787 als das schönste Vorgebirge der Welt empfand, dunkel in den Himmel. Er hatte allerdings eine sehr unangenehme Seereise von Neapel hinter sich. Verständlich, dass er den Anblick von Land herbeisehnte!

Oben auf dem Berg ist die Grotte der Stadtheiligen Rosalia, nach der in Palermo fast alle Mädchen benannt sind. Nun wird der hell erleuchtete Hafen sichtbar, in dem die Fährschiffe aus Genua und Neapel ihre Reise beenden und alle Kreuzfahrtriesen anlegen, die man oft langsam, imposant und malerisch in die Nacht verschwinden sieht. Der langgestreckte, leicht geschwungene Küstenstreifen nach Bagheria schließt sich an. Dieses Städtchen, mit den barocken Sommervillen des palermitaner Adels, das nach dem Krieg von der mafiösen Stadtverwaltung ruiniert wurde. Nachzulesen bei der bekannten Schriftstellerin Darcia Maraini, die ihre Kinderjahre nach dem Krieg in solch einem Gebäude – für deutsche Begriffe einem Schloss – verbracht hat. Ihre Mutter war von Adel und so konnten sie im Familienpalast unterkommen. »Bagheria – eine Kindheit in Sizilien«, unbedingt lesenswert! Aus diesem Ort stammen auch der Regisseur Giuseppe Tornatore und der erste aussagefreudige Mafioso (Pentito) Tommaso Buscetta. Langsam schließt sich der Kreis. Im Hintergrund der Gründerzeitbahnhof Palermos, der für die Größe der Stadt eher wenige Bahnsteige hat. Nah beim Hotel die Normannenkirchlein Martorana und San Cataldo und die große, sehr prächtig ausgestattete Santa Caterina, deren Innenraum einem den Atem verschlägt. Besonders liebe ich den marmornen Jonas mit dem Walfisch, gleich beim Eingang rechts.

Allein für das alles war das Hotel einen Besuch wert. Jetzt ist der Empfang holzverschalt, wieder ein altes Stück Sizilien weniger … Man soll die Hoffnung nie aufgeben, vielleicht wird es ja wieder …

Neueste Meldung: Es ist als B&B-Hotel »Quattro Canti« wiederauferstanden!

14. Gespräch

Als ich vor 40 Jahren zum ersten Mal Sizilien besuchte, bestand der Flughafen Fontanarossa in Catania (wie er damals hieß) aus einer Wellblechbaracke. Die war damals – als ich dieses Gespräch hatte – aber bereits Geschichte und das erste steinerne Flughafengebäude existierte schon. Später, mit dem Anschwellen des Touristenstroms (vor Corona), wurde ein funkelnagelneues Gebäude mit internationalen Standards gebaut. Im Abflugbereich sind einige nette Geschäfte, in denen der Reisende die letzten Mitbringsel für seine Lieben kaufen kann: hochwertige Keramik aus Caltagirone, typische sizilianische Gaumenfreuden, recht schicke (eben italienische) Bekleidung und Handtaschen, die dann mit der Verzögerung eines Jahres auch deutsche Geschäfte erreichen. Dazu alle internationalen Parfums, Kosmetik und mehrere Kaffee-Bars, deren Angebot einem das Wasser im Munde zusammenlaufen lässt.

In den achtziger Jahren stand da aber nur ein graues, oft schmutziges Gebäude, das wenig einladend war und nur über einen Zeitungsstand und eine kleine, verlotterte Kaffee-Bar verfügte und in dem Sitzgelegenheiten rar waren. Oben auf der Galerie standen unbequeme schiefergraue Plastik-Schalensitze. Super praktisch: im Sommer tropisch heiß, im Winter eiskalt (auf Sizilien wird im Winter fast nirgends geheizt, schon gar nicht in öffentlichen Gebäuden). Es war Glücksache, dort ein Plätzchen zu ergattern. Das schloss aber einen Toilettengang aus, denn sonst war der Sitz anderweitig belegt. Von oben konnte man herrlich das Gewusel oder Chaos (?) beobachten, das beim Einchecken herrschte, wie es auf Sizilien üblich ist.

Eine schicke Dame nahm neben mir Platz. Ihr war anzusehen, dass sie finanziell in einer anderen Liga spielte als ich. Unser Erkennungszeichen: der deutschsprachige Lesestoff. Im Ausland kommt man mit Landsleuten leichter ins Gespräch, vielleicht bin ich aber auch eine Quasselstrippe. Woher – wohin? Wir erzählten uns gegenseitig unsere Story, denn wir hatten viel Wartezeit zu überbrücken und so lief die Unterhaltung wie von alleine. Aber ihre Geschichte war haarsträubend und verursachte mir Gänsehaut.

Die Dame war mit einem Arzt liiert, der in einer Kleinstadt in der Provinz Messina lebte. Mehrmals im Jahr besuchten sie sich gegenseitig und sie hatte gerade eine schöne Zeit am Meer verbracht. Diese Zeit war allerdings durch ein einschneidendes, schockierendes Erlebnis jäh beendet worden.
Der Arzt arbeitete in der Orthopädischen Klinik in Messina und eines Tages fuhr sie dorthin, um ihn nach Dienstschluss zu treffen, um dann gemeinsam einen Tag in der Provinzhauptstadt zu verbringen. Das Krankenhaus ist sehr schön gelegen in einem mediterranen Garten mit großen Palmen und einer herrlichen Aussicht auf die von Schiffen stark befahrene Meerenge und das Aspromonte-Gebirge in Kalabrien. Ich selbst war schon mehrmals dort, als ich eine Patientin begleitete.

Meine Landsmännin stand also auf dem Klinikflur und wartete. Da kamen schnellen Schrittes zwei Männer herein, an ihr vorbei, rissen die Tür eines Krankenzimmers auf und verschwanden darin. Schüsse fielen! Die Tür wurde von innen aufgestoßen, die Zwei stürmten heraus. Die Dame stand an die Wand gedrückt und wäre gerne unsichtbar gewesen. Sie wurde nicht beachtet, die Männer kamen ungehindert zum Ausgang und verschwanden. Totenstille! Nichts regte sich! Niemand will zuerst am Tatort sein, schließlich muss man einem Killer auch die Zeit zum Verschwinden geben. Erst nach einigen langen Minuten Gerenne und Geschrei. Im Krankenzimmer zwei Tote, der Patient und seine Besucherin (auch zufällige Augenzeugen haben schlechte Karten und werden liquidiert)! »Und, was haben Sie getan? Haben Sie alles zu Protokoll gegeben?« »Nein, vor dem Eintreffen der Carabinieri habe ich mich heimlich, still und leise verdrückt!«

Es war Zeit für ihren Abflug nach Düsseldorf, wir haben uns nie wiedergesehen. Hatten uns auch nicht gegenseitig vorgestellt. Das war's.

Nicht ganz. Eines Tages, ungefähr 15 oder 20 Jahre später schlage ich das Lokalblatt Siziliens auf: »Killer aus der Orthopädischen Klinik gefasst« und dazu die Beschreibung des Tathergangs, ganz genauso, wie er mir erzählt worden war! Wieso Killer, das waren doch zwei? Hier war aber nur von einem Verbrecher die Rede. Wusste das die Polizei nicht? Ich schnitt mir den Artikel aus der Zeitung aus und sprach mit meinem Lebensgefährten darüber. Als typische Deutsche wollte ich das sofort dem örtlichen Maresciallo der Carabinieri erzählen, mit dem wir recht gut bekannt waren, der aber heute längst pensioniert ist. Aber mein sehr sizilianischer Haushaltsvorstand fand das gar nicht gut und irgendwann verschwand der Zeitungsartikel auf mysteriöse Weise oder wurde verschwunden. Das Gespräch unterblieb und die Geschichte verschwand in der Versenkung!

Oder ganz dramatisch-sizilianisch mit den Worten aus dem »Gattopardo«: »Und so fiel eine weitere Schaufel Erde auf den Grabhügel der Wahrheit!«

15. Kloster

Im Süden Siziliens am Afrikanischen Meer in 950 Metern Höhe ducken sich die Häuser des Bergstädtchens Caltabellotta um eine Felskuppe. Touristenbusse verirren sich nie hierhin, die Zufahrt ist für große Fahrzeuge nicht angelegt. Ganz anders als im mittelalterlichen Erice, das fast ganz von Tagestouristen lebt oder besser gesagt überschwemmt wird und abends total ausgestorben ist. Dabei war Caltabellotta in seiner Geschichte alles andere als bedeutungslos. Hier sind einige unangenehme oder auch böse Dinge passiert, die mich an die schlechte Aura des Ortes glauben lassen (auch in Palermo gibt es einen solchen Platz).

Falsche Versprechungen und Verrat haben die uneinnehmbare Bergfestung immer zu Fall gebracht: ein niedergeschlagener römischer Sklavenaufstand oder der sogenannte »Frieden von Caltabellotta« im Mittelalter ...

Ich kannte Caltabellotta nur aus weiter Ferne an den Himmel geklebt, wenn ich auf der Staatsstraße von den griechischen Tempeln von Selinunt zu den griechischen Tempeln nach Agrigent fuhr. Oder umgekehrt.

Aber in einem Jahr im November – im sizilianischen »Sommer von Sankt Martin« – war es endlich soweit, diesen interessanten Ort einmal kennenzulernen. Mein Mann und ich logierten im Städtchen Sciacca, das einst für seine besonders getönten Korallen und für seine Therme berühmt war. Morgens Besichtigungen in der näheren, ländlichen Umgebung, die doch einiges zu bieten hat, nachmittags schwimmen im (leider heute geschlossenen) Thermalbad und abends Stadtbummel.

Natürlich entschieden wir uns eines Tages auch für Caltabellotta, das uns geheimnisvoll von der Höhe aus zuwinkte. Aufgrund seiner Vergangenheit war mir dieser Ort ein wenig unsympathisch. Aber ich bin lernfähig und wollte mein vielleicht vorschnelles Urteil gerne revidieren. Wir fuhren also die steile Bergstraße hinauf, nach jeder Kehre neue atemberaubende Aussicht. Im 3.000-Seelen-Städtchen war es ein wenig eng, aber schließlich waren die Straßen gebaut worden, als man sich noch mit vierbeinigen Eseln fortbewegte. Wir besuchten alle Plätze, die im Reiseführer als sehenswert angegeben waren. Dann wollte ich noch zu dem mächtigen, langgezogenen Klosterbau, der Caltabellotta dominiert und der schon von weitem, von der Ebene aus, zu sehen ist. Wieder rein ins Auto und weiter hochgefahren. Mit jedem Meter Distanz zum bewohnten Gebiet wurde die Umgebung einsamer. Nur einige alte Männer saßen auf Stühlen am Straßenrand und diskutierten vermutlich die Weltlage. Oben ein großer Parkplatz, kein weiteres Auto und auch weit und breit keine Menschenseele. Wir parkten, stiegen aus und machten uns an die Erklimmung des Fußweges zu dem mächtigen Gebäude, – ich vermutete Renaissance oder Barock – das bedrohlich über unseren Häuptern schwebte. Dann kam ein weiteres Auto: aha, noch weitere Besucher! Aber der ältere Mann darin packte seine Zeitung aus und begann zu lesen (falls er es konnte, keine Selbstverständlichkeit in Sizilien), oder er tat jedenfalls so. Wir hatten den Eindruck, dass er uns beobachtete. Es war schon ein wenig merkwürdig und mein Mann beschloss, zum Auto zurückzugehen, damit es sich nicht plötzlich verselbständigte, was vorkommt. Er wollte dort auf mich warten, bis meine Besichtigung vorbei und meine Neugier gestillt war. Ich kletterte also weiter. Oben angekommen, stand ich vor einem mächtigen, stabilen Eingangstor, in dem aber ein mannshohes, mit Gewalt hereingebrochenes, Loch klaffte. Hineinzugehen traute ich mich nicht. Augenscheinlich wurde dieser Zugang benutzt. Ich warf einen Blick in den Innenhof, drehte mich um und begann den Abstieg über die antiken unebenen Stufen. Wieder im Auto. Wir wurden immer noch beobachtet. Jetzt wollten wir die Bestätigung. Also, losfahren bis hinter die nächste Kurve außer Sichtweite und dort anhalten. Siehe da, nach einem kurzen Moment des Wartens kam der eifrige Zeitungsleser in Sicht und verschwand mit seinem Auto zwischen den Häusern.

Das war für uns die Bestätigung: Hier wurde etwas oder irgendwer versteckt! Solche geheimen Lager oder Rückzugsorte für polizeibekannte Straftäter gibt es überall auf Sizilien. Seit den großen Mafia-Prozessen weiß das auch jeder Erstklässler. Ich wollte natürlich gleich ganz aufgeregt zu den Carabinieri, aber wie immer wurde ich zurückgehalten:»Die wissen das bestimmt!«

Die Begebenheit habe ich später einigen meiner sizilianischen Freunde, auch aus dieser Provinz, berichtet. Die kannten sich aus und fanden es richtig, dass ich nicht hineingegangen bin. Vielleicht zwei oder drei Jahre danach hatte ich eine Touristentour in diese Gegend und ein junges Paar aus meiner Gruppe mietete einen Leihwagen, um die Umgebung zu erkunden, unter anderem auch Caltabellotta. Beim Abendessen erzählte ich, was ich dort einmal erlebt hatte.»Ach, merkwürdig, genau das Gleiche haben wir dort oben auch beobachtet!«war die Antwort.

16. Markt

Der Gang über einen sizilianischen Markt ist der helle
Wahnsinn und ein Erlebnis der besonderen Art. Augen,
Ohren und Nase sind gefordert. Am berühmtesten ist der
Fischmarkt in Catania. Der hat sich eigentlich zu einer Tou-
ristenattraktion gewandelt. Keine Sizilien-Rundfahrt ohne
den Catanesischen Fischmarkt. Zeitweise trifft man dort
mehr Touristengruppen als einheimische Käufer. Fisch-
kauf ist Vertrauenssache und setzt profundes Wissen
voraus, daher wird er vorwiegend von Männern getätigt.
Zwischendrin huscht dann ab und zu eine Hausfrau an den
Ständen vorbei. Da die Ware alle paar Minuten mit Wasser
bespritzt wird, damit sie frisch aussieht, tappt der Kunde
ständig in Wasserlachen. Auf Lava-Pflaster eine glitschige
Angelegenheit. Dazwischen stehen junge Männer, die
große Sträuße Basilikum, Salbei, Rosmarin und Lorbeer
anbieten. Vermutlich ein sehr anstrengender Beruf! Das
Ganze spielt sich unter Straßenniveau hinter einem Brunnen ab, der von einem unterirdischen Bach gespeist wird,
dem Amenano. Umgeben von dunklen Barockhäusern aus
Lava-Stein und einer offenen Halle zur Meerseite hin,
macht alles einen recht düsteren Eindruck. Aber was liegt
da auf den Verkaufstischen, gibt es hier solch merkwürdige
Tiere im Meer? Und einige zappeln noch!

Mein Favorit ist der Markt von Syrakus. Klein aber fein, hell
und freundlich, wie die ganze Stadt. Das liegt natürlich am
honiggelben Baumaterial aus den umliegenden, zum Teil

antiken, Steinbrüchen (die aus der griechischen Besiedlung sind sehenswert!). Der Markt ist in Sichtweite des Meeres auf der Insel Ortygia, wo am Apollon-Tempel und der alten Markthalle die Altstadt beginnt. Sozusagen Kultur gleich beim täglichen Einkauf. Das Umland ist extrem fruchtbar und die Fülle von saftigem Obst und knackigem Gemüse ist unglaublich. Wie duften Pfirsiche? Tomaten in allen Größen und verschiedenen Formen. Die kleinen aus Pachino, die auf Sandboden wachsen und die salzige Meeresbriese aufnehmen. Längliche für den Salat und ganz dicke, die Ochsenherz heißen. Und alle haben tatsächlich den Duft und das Aroma von in der Sonne gereiften Tomaten. Üppiger Salat in verschiedenen Formen und unterschiedlichen Grüntönen. Mehr Bio geht nicht! Dazwischen sind leuchtend gelbe Zitronen, einige zum Anlocken der Kunden aufgeschnitten, Zitronenaroma hängt in der Luft. Dicke Käselaibe, cremiger Ricotta und alles kann probiert werden. Ein großer Stand nur mit Gewürzen, die der Kunde selbst in eine kleine Plastiktüte schaufelt und die dann abgewogen wird.

Junge Leute haben eine neue Verkaufsform entdeckt: Streetfood! Ein Käseteller mit vielen Sorten? Minifischlein, die im Beisein des Kunden frittiert und in einer selbstgedrehten Packpapiertüte mit einer Zitronenscheibe darauf über den Verkaufstisch gereicht werden. Mit der fünfzinkigen Gabel, sprich Fingern, zu essen. Oder lieber Austern mit einem Glas Weißwein? Denn auch einen kleinen Fischmarkt gibt es. Bei Touristen hat sich das Angebot herumgesprochen. Daneben eine einfache Trattoria mit Tomatenspaghetti, viel Basilikum und Pecorino-Käse. Immer leuchtet das Blau des Meeres in Sichtweite. Ein Stand mit handgeflochtenen Körben aller Größen und Formen, und

Eselsmilchseife, hergestellt aus der Milch der Tiere eines jungen Paares, das einen Bauernhof im Hinterland besitzt. Um die Ecke dann Textilien: Shirts, Unterwäsche. BHs in allen Größen, Formen und Farben schaukeln am Sonnenschirm in der leichten Brise. Oberbekleidung für jedes Alter. Kein Dior, aber immer hochmodisch und nicht teuer. In der nächsten Saison ist sowieso anderes Design in! Haushaltsgegenstände: Kochtöpfe, Geschirr, Kannen zur Zubereitung von Espresso. Bunte sizilianische Keramik aus Caltagirone und Santo Stefano. Asiatische Mitbürger mit Kitsch aus Taiwan. Oder dunkelhäutige, oft gutaussehende junge Afrikaner, die wirklich schöne Halsketten über beide Arme hängen haben und beim Verkauf lächeln. Es gib nichts, was es nicht gibt!

Jeder preist seine Ware mit einem unheimlichen Geschrei an. Anfangs dachte ich, ein Unglück sei geschehen und man rufe nach einer Ambulanz! Oder ein Erdbeben? Ein der sizilianischen Sprache unkundiger Ausländer hat diesen Eindruck! Um 13.00 Uhr wird eingepackt. Dann ist alles vorbei und für den Rest des Tages kehrt Ruhe ein. Nur die Müllabfuhr bemüht sich, zurückgelassene Pappkartons und Fisch- und Gemüseabfälle zu beseitigen.

In Palermo gibt es natürlich in den einzelnen Stadtteilen große Märkte. Am bekanntesten ist die Vuccria, die sich aber mittlerweile vom reinen Markt zum Ort fürs Nachtleben gewandelt hat. Ballaro ist ein sehr großer Markt, aber ich liebe Capo. Kleiner, zwischen Opernhaus und Kathedrale ist er etwas gemütlicher. Ein Eingang ist am barocken Stadttor Porta Carina. Gleich am Eingang gibt es zu Frühlingsbeginn reichhaltiges Angebot von Walderdbeeren. Links beim Gewürzhändler kleine Tütchen, Rosinen und Pinienkerne gemischt, für das palermitaner Nationalgericht »Pasta con le sarde«, das auf die Araber zurückgeht. In Catania isst man »Pasta alla Norma«, die Bellini-Oper lässt grüßen. Ein Auberginengericht. Einige Schritte weiter stehen sich zwei Kirchen haargenau gegenüber. Die rechte ist ein Muss! Über und über mit bunten Marmor- und Lapislazuli-Intarsien dekoriert. Vier Seitenaltäre mit arkadischen Landschaften und Prunkgebäuden, atemberaubend. Zum Bau gegenüber: Für mich sind zwei Dinge bemerkenswert. In der linken der drei Eingangstüren hat sich ein Fischgeschäft etabliert. Erscheint mir gewöhnungsbedürftig! Tritt der Kirchgänger durch den Haupteingang, empfängt ihn im Vorraum ein Emaille-Schild: Schwarz auf Weiß »Es ist verboten, auf den Boden zu spucken« (!). Anscheinend war das früher in Palermo so üblich. Aber, ob die Zielgruppe überhaupt lesen konnte? Eine Ecke weiter, 30 Meter nach rechts: Hier ist ein wunderschönes Jugendstil-Mosaik an der Bäckerei Morello. Eine sehr aparte Dame, die ein wenig an Gustav Klimt erinnert!

So hat jeder Markt seine Eigenarten, die es zu entdecken gilt. Eines haben sie allerdings alle gemeinsam: Auch der größte Kochmuffel bekommt eine unbändige Lust, einzukaufen und am Herd loszulegen! So geht es mir jedenfalls immer. Nur ein Gericht habe ich in Jahrzehnten nie gegessen: Spaghetti mit Tintenfischsoße. Beim Abendessen im Restaurant waren alle sizilianischen Freunde der Meinung: Dies müsse ich bestellen, es sei landestypisch und sehr delikat. Der Teller kam, mein erster Blick ließ mich zurückschrecken: Da lagen lauter weiße Würmer im schwarzen Schlamm! Jeglicher Appetit war dahin! Meine Freunde freuten sich, sie kamen in den zusätzlichen Genuss eines Spaghetti-Gerichts.

17. Paradies

Am Ätna gibt es herrliche Dinge. Nein, ich meine nicht den überfüllten Busparkplatz an der Seilbahn und die Kaffee-Bars, die vorwiegend wegen der Toilettenbenutzung mit langen Warteschlangen aufgesucht werden. Vom Fuß des Berges bis 1.000 Meter unterhalb der Gipfelkrater erschließt sich das Paradies. Auf seinen Füßen sozusagen sind außer der Barockstadt Catania die großen Zitronen- und Orangenplantagen angesiedelt. Die Zitronen in Meernähe, die Orangen in der großen Ebene des Simeto-Flusses mehr im Landesinneren, denn die vertragen keinen Wind und sind durch Reihen von Zypressen und Oliven möglichst geschützt. Einstmals war die Ebene wegen Malaria berühmt-berüchtigt, heute ist hier auch der Flughafen angesiedelt. Keine kleine, einsame Piste mehr, sondern mit dem aufblühenden Tourismus »international«.

Die Orangenplantagen gehörten von jeher den Adelsfamilien. Als es noch keinen Strom gab und Bewässerung mit Grundwasserbrunnen in großem Stil nicht möglich war, ursprünglich als Weingüter angelegt mit imposanten großen Herrenhäusern, die nur zur Lese von den Besitzern und Erntehelfern bewohnt wurden. Allenfalls der Verwalter mit seiner Familie. Dann wurde die Reblaus nach Europa eingeschleppt und aus war's.

Nun also Zitrusfrüchte. Haben Sie jemals eine Orange oder Mandarine direkt vom Baum gegessen? Wenn nicht, dann haben sie keine Ahnung, wie diese Früchte wirklich schmecken. Nicht wie die unreif geernteten und dann begasten Exemplare, die es im Norden in den Supermärkten zu kaufen gibt. Laut Goethe »im dunklen Laub die Goldorangen glüh'n«: Diese Goldfarbe bildet sich aber erst, wenn im Herbst die Nächte unterhalb des Berges empfindlich kühl werden. Der Temperaturunterschied zu den zum Teil noch heißen Tagen im »Sommer von St. Martin« sorgt für die Reife und signalisiert durch die Farbe, dass Weihnachten bald kommen wird.

Meine Lieblingsplantage ist aus dem 19. Jahrhundert und aus dieser Zeit ist im Haupthaus noch die »Weinpresse« zu sehen, ganz anders, als wir es kennen. Ein großes gemauertes Becken mit Treppen an beiden Seiten: Zu- und Abgang. Hier entleerten die Arbeiter die Körbe mit den Trauben. Im Becken wurde eifrig mit bloßen Füßen gestapft, oft im Rhythmus von Gesang. Der Most floss durch eine steinerne Rinne ab, unter die als Filter ein Weidenkorb gehängt war. Ein besonders großes Exemplar dieser Konstruktion gibt es in einem Schloss in Calatabiano. Geschmackvoll dekoriert und abends stimmungsvoll mit Kerzen erleuchtet lässt sich dort ganz romantisch Wein probieren.

Der Ätna ist ein natürlicher Wasserspeicher und gibt mit der Schneeschmelze langsam seinen Reichtum ins Tal ab. Überall sind jetzt Wasserreservoirs angelegt, die von einem großen Stausee hinter dem Berg durch genau festgelegte Zuteilung gespeist werden. Immerhin braucht jeder Baum 200 Liter Wasser alle 10 Tage, das ist eine ganze Menge.

Heute werden in »meiner« Plantage immer neue Sorten gezüchtet, auch rosa Grapefruits und kernlose Früchte. Ich bevorzuge die traditionellen Blutorangen, die sogar bei einem türkischen Gemüsehändler in meiner Heimatstadt zu bekommen sind. Laut Etikett aus der Catania-Ebene. Natürlich ist der Preis ziemlich hoch, denn sie sind chemisch unbehandelt und daher nicht lange haltbar. Aber sie lassen die Sonne Siziliens auf der Zunge erahnen. Die Plantagen bekämpfen übrigens die Blattläuse mit Marienkäferchen, die man oft in den Lava-Feldern findet und sich dann wundert, wo sie herkommen. Gedüngt wird mit Eselsmist aus den Zuchtstationen, die auch Eselsmilch und Eselsmilch-Seife verkaufen. Heute hat es insofern einen Wandel gegeben, als dass diese kleinen Paradiese touristisch genutzt werden. Ferienwohnungen wurden gebaut und hauseigene Produkte werden angeboten. Denn der Unterhalt dieser großen Immobilien ist nicht gerade billig und die Zeiten der helfenden Hände »für nichts« sind vorbei. Besonders schön ist es im Frühling, wenn die Bäume blühen und nach Sonnenuntergang ihren Duft über die Landschaft ausschütten.

Gleichzeitig hängen die Früchte noch an den Bäumen, also die vom letzten Jahr mit den Blüten für die Ernte des nächsten Weihnachtsfestes. Die zu erwartende Erntemenge wird geschätzt und vom Baum weg verkauft. Das ist natürlich ein Risiko, denn wenn der Vulkan Asche auf die Plantagen bläst, verdirbt die Frucht. Auch ein kalter Fallwind von den Schneefeldern schadet. Beim Absinken der Temperatur unter ein bestimmtes Minimum schalten sich automatisch große Ventilatoren ein, die überall in den Plantagen verteilt sind. Die wirbeln die kalte Luft von den Bäumen fort. Je nach Bedarf wird dann geerntet. Es gibt keine Zwischenlagerung vor dem Transport. Denn die Ware hält sich nur, wenn sie noch am Baum hängt. Allerdings maximal bis Ende Mai. Kommen die heißen Tage, dann beginnt der Baum, den Saft aus den Früchten zu ziehen, um sich zu ernähren. Die Früchte werden also strohig. Mit Ausnahme einer bestimmten Sorte, den Sommerorangen.

Der nächste Abschnitt des Paradieses produziert Honig, bzw. die fleißigen Bienchen aus dem Städtchen Zafferana auf knapp 1.000 Metern Höhe. Es soll hier 500 Imker geben. Überall am Straßenrand sind Verkaufsstände aufgebaut. Welche Auswahl: Orangen- und Zitronenblüten, Klee, Eukalyptus, Blumenwiesen. Mein Favorit ist der herbe Kastanienhonig. Dazu natürlich Bienenwachskerzen, Honigbonbons, Gesichtscreme mit Bienengift und noch vieles mehr für die Gesundheit. Aber eines sollte man sich in Zafferana nicht entgehen lassen: den Lava-Strom von 1992. Ganz eindrucksvoll spürt man förmlich, wie er sich durch blühende Gärten an Häusern vorbei auf die Stadt zubewegt hat. Sprengungen und Umleitungsversuche schlugen fehl. Dann kam er plötzlich recht nah der Siedlung zum Stillstand. Dieser kleine Spaziergang abseits allen Trubels lässt verstummen und stimmt nachdenklich. Viel heftiger, als in den großen Lava-Feldern in der Gipfelregion wird die Bedrohung für jeden Einzelnen bewusst.

Ein Pasta-Gericht mit Pistaziensoße ist ein unbedingtes Muss! Hinter dem Ätna bei Bronte ist Europas größtes Pistazienanbaugebiet. Ob süß oder salzig verarbeitet, unbedingt probieren! In Bronte steht übrigens auch das sehr englisch eingerichtete Schloss, das Admiral Horatio

Nelson, der Held der von ihm gewonnenen Seeschlacht von Trafalgar, vom damaligen sizilianischen König geschenkt bekommen hatte. Leider hat er es nie gesehen, da er ja bekanntlich in dieser Schlacht ums Leben kam. Seine Erben haben es im 20. Jahrhundert an die Gemeinde verkauft. Es ist restauriert und zu besichtigen.

Und dann die Weingüter: Bis auf circa 800 Meter Höhe sind Reben gepflanzt. Heute werden in ganz Sizilien die tollsten Qualitätsweine produziert. Vorbei die Zeiten der Massenproduktion für den Verschnitt im Norden. Im Ausland studierte Önologen und modernste Technik, oft von der EU bezahlt, machen es möglich. Das hat natürlich seinen Preis, der aber durchaus gerechtfertigt ist. In kleinen, abgelegenen Dorf-Trattorien ist aber oft noch ein guter Landwein preisgünstig zu haben. Die großen Weingüter haben alle Probierstuben. Ein Besuch lohnt immer. Hat man zu tief ins Glas geschaut, kann oft auch übernachtet werden.

Mein bevorzugtes Weingut hat eine Probierstube mit Panoramablick ins Alcantara-Tal. Hier hat der Fluss eine berühmte Klamm in den Basalt geschnitten, die besichtigt werden kann. Angeblich sollen die Araber während ihrer 200-jährigen Sizilien-Herrschaft hier Krokodile gehalten haben. Meine Touristengruppe war ganz begeistert. Als die Dämmerung hereinbrach und im gegenüber auf dem Bergkamm residierenden Taormina und über der Meerenge von Messina die Lichter angingen, hallten deutsche Volkslieder über den Talgrund (einige meiner Gäste waren im Kirchenchor). Zweimal rief ich im Hotel an und verschob das Abendessen! Denn der Wein und die Umgebung schufen eine magische Stimmung. Es war einer der

Momente im Leben, der einfach nur genossen sein will, wenn er kommt. Aber schließlich gelang es mir doch, den Aufbruch einzuleiten!

Nicht bei allen Weingütern ist die Einfahrt für Touristenbusse befahrbar. Entweder erfolgt die Abholung mit PKW oder ein kleiner Fußmarsch ist angesagt, während der Bus ein Parkplätzchen am Straßenrand belegt. Leider kommt so der Busfahrer nicht in den Genuss eines Imbisses, da er ein wachsames Auge auf sein Gefährt haben muss. Meiner überraschte zwei Jugendliche, die versuchten, Diesel aus dem Tank zu zapfen. Sozusagen sizilianische Folklore.

Auf 1.000 Metern wächst unser einheimisches Obst. Äpfel, Birnen und Kirschen in Hülle und Fülle. Haselnusssträucher, Walnussbäume und Esskastanienwälder. Ein Schlaraffenland! Im Herbst durchziehen Rauchschwaden die Dörfer der Umgebung. Jeder ambulante Gemüsehändler hat ein kleines, rundes rostiges Öfchen unter Feuer und brät Maronen. Der typische Herbstgeruch wabert durch die dunklen abendlichen Gassen.

Aber wie immer im Leben – nichts ist umsonst. Gerade im Jahr 2021 hat der Vulkan erhöhte Aktivität. Ständig sind die Straßen zentimeterhoch mit Asche bedeckt. Fast als hätte es geschneit, nur schwarz. Und nicht nur die Straßen. Die Gemüsegärten, die Blumengärten und die Dachpfannen werden zum Teil von faustgroßen Brocken zertrümmert, die Regenrinne verstopft. In jede Ritze dringt die Asche. Die Leute benutzen Regenschirme. Die Bewohner reinigen pausenlos und die Gemeindeverwaltung kommt mit der Straßenreinigung nicht nach. Wohin mit dem Segen? Er gilt als Sondermüll. Könnte man ihn nicht in Säcke abfüllen und als mineralischen Naturdünger in deutschen Baumärkten verkaufen?

18. Vergnügen

Ein Vergnügen besonderer Art ist auf Sizilien die Reise mit öffentlichen Verkehrsmitteln. Allerdings nur für Masochisten! Meine an und für sich kurze Tour von Taormina zu den Liparischen Inseln sollte eine Tagesreise werden. Aber: Der Weg ist das Ziel und ich hatte keine Termine. Wer die hat, ist mit einem Leihwagen oder einem Sammeltaxi besser dran.

Es begann damit, dass ich 10 Minuten vor Abfahrt des roten Shuttle-Busses zum Bahnhof das Haus verließ. Aber irgendwie hatte der an diesem Tag keine Lust. Jedenfalls stand eine große Traube ausländischer Touristen mit Gepäck in der prallen Morgensonne an der Haltestelle, gegenüber ein mit vielen Wagen bestückter Taxistand (die Haltestelle ist mit Bedacht gewählt!). Ungefähr 15 Minuten vor Abfahrt des Zuges wurden die meisten Wartenden unruhig. Ein Taxi war für 30 Euro zu bekommen. Einige bissen in den sauren Apfel und zahlten zähneknirschend diesen überhöhten Touristenpreis. Ich wartete. Dann genau, als der Zug unten abfuhr, kam der Bus. Quasi leer ging es zum Bahnhof. Nun gut, einen Zug später. Die Fahrt von der Porta Messina, dem historischen Messina-Stadttor in Taormina, ist wunderschön, viele Serpentinen mit Blick aufs blaue Meer und den allgegenwärtigen, rauchenden Ätna. Sozusagen eine paradiesische Panoramafahrt, umrahmt von vielen bunten Blumengärten, hübschen villenartigen Hotels und leise wedelnden Palmen. Vor dem Bahnhof wurden wir von einer größeren, touristisch gekleideten

Menschenmenge erwartet, die jetzt den roten Bus zu stürmen begann. Augenscheinlich hatten auch sie eine Stunde Wartezeit hinter sich! Ich ging in die leere, schön restaurierte Jugendstil-Halle, fast ein Museum. Der Mann am Schalter war sehr freundlich und erkundigte sich, ob ich den Intercity nach Messina bevorzugen würde. Abfahrt 10 Minuten früher, 4 Euro teurer. Ich wählte den Regionalzug.

Jetzt hatte ich eine Stunde Zeit. Die wurde etwas kurzweiliger, als zwei gutaussehende junge Polizisten beiderlei Geschlechts die Corona-Impfbescheinigungen und die Ausweise der wenigen Reisenden auf dem Bahnsteig kontrollierten. Dann kam die Durchsage, der Intercity habe Verspätung und werde aufs Nachbargleis umgeleitet, weil ja auch der Regionalzug erwartet werde. Derweil saß ich recht gemütlich, links das Kap Taormina, rechts das Kap Schiso, vor mir die weite Bucht, im Hintergrund das italienische Festland. Selbst das Plätschern der Wellen vom nahen Strand war zu hören. Und dazu Sonne pur. Vielleicht sollte eine solche Wartezeit extra berechnet werden! Schließlich kam der Regionalzug nach Messina. Vom Intercity bisher keine Spur. Also einsteigen und los ging's. Der Zug war fast leer. Er hielt überall und immer zuckelte er an der Küste entlang – richtig schön. Kein Intercity überholte uns. Nach 50 Minuten liefen wir im Bahnhof von Messina ein, vom Intercity keine Spur.

Hier endete der Zug. Mein Anschluss-Tragflügelboot zu den Inseln war mittlerweile abgefahren und ich erkundigte mich auf dem Bahnhofsvorplatz, auf dem alle Überlandbusse starten und ankommen, nach dem Zubringer zum Hafen von Milazzo. Eine Stunde Wartezeit. Na gut, ein kleiner Imbiss aus der Hand sollte es schon sein. Am Bahnhof sind verschiedene Kaffee-Bars, aber ich bevorzuge immer eine über die Straße, die außer schmackhaftem Sizilianischem auch den Vorteil einer sauberen Toilette hat. Dann kam der Bus. Nicht viele Passagiere, eigentlich war Siesta. Fahrkarte beim Schaffner. Obwohl viel Platz war, bestand er darauf, dass meine Reisetasche ins Gepäckabteil müsse.»Da ist aber zu!« Immerhin stieg er aus dem Bus und öffnete es, hineinhieven musste ich das einzige mitfahrende Gepäckstück allerdings selbst.

Kurz vor 15.00 Uhr Ankunft am Anlegesteg von Milazzo. Herrlich, das nächste Tragflügelboot startet laut Fahrplan um 15.00 Uhr! Leider war die Abfahrt auf 16.00 Uhr verschoben worden, d. h. die frühere Abfahrt ersatzlos gestrichen. Auf mein Murren, dass in Sizilien aber auch nie etwas funktioniere, bekam ich am Schalter vom Kassierer den oft gehörten Standardsatz zur Antwort: Wenn es mir hier nicht gefalle, könne ich ja zurück nach Deutschland gehen. Mittlerweile war ich schon recht angeknabbert!

Also wieder mal eine Stunde warten. Ich gönnte mir eine Kaffee-Granita mit etwas Sahne in der Bar im Terminal. Leider reichte diese Kreation nicht an die übliche sizilianische Konditorkunst heran, war aber zum Ausgleich etwas teurer. Mein Naserümpfen wurde nicht sehr freundlich aufgenommen. Mit 10 Minuten Verspätung fuhren wir dann endlich los. Warum eigentlich? Es war nicht viel Betrieb. Das Meer war ruhig. Um 17.30 Uhr kam ich auf der Insel Lipari an (Odysseus war mir jetzt irgendwie verständlicher). Insgesamt war ich 7 ½ Stunden unterwegs, davon 4 Stunden Wartezeit. Die Hinfahrt mit Tragflügelboot und Auto war fünf Stunden schneller gewesen. Zeit ist nicht gleich Geld auf Sizilien. Man hat so viel davon, dass sie bedenkenlos vergeudet werden kann! Beneidenswert oder bemitleidenswert?

19. Donna

Nach dem (wievielten?) Lockdown habe ich mich endlich aufgerafft – bevor der nächste kommt. Ich muss einfach mal wieder nach Palermo, meiner stillen Liebe seit Jahrzehnten. Eine lebendige Stadt sehen, Freunde treffen, mit völlig Fremden kommunizieren. Und stolpere hinein in ein Kapitel der sizilianischen Geschichte und über den Namen einer Frau – einer schönen Frau –, die plötzlich wieder aus der Versenkung geholt wird.

Ich komme an einem heißen Juli-Tag vom Meer her – wie damals Goethe, aber der kam im April und war seekrank! Und ich traue meinen Augen nicht: Palermos Hafen hat sich verändert, und zwar zum Besseren. All die vergammelten, unansehnlichen Lagerhäuser und auch die dreckige Kaffee-Bar sind verschwunden. Das große Empfangs-/ Abschieds-Hafengebäude aus der faschistischen Ära ist bis auf die Südfassade abgerissen, am Neubau für den Empfang der zahlreich gewordenen Kreuzfahrtschiffe wird eifrig gearbeitet. Staunen ... Ein Gratis-Shuttle-Bus bringt mich zum großen Haupttor des Hafens. Hier mündet die breite Straße, die direkt zum Politeama-Theater auf die Piazza Castelnuovo führt. Ha! Fußgängerzone! Kein Gestank, Gehupe, Geschrei und Blechlawine wie früher. Tische und Stühle und dazwischen große Töpfe mit Grünpflanzen ohne Müllgarnierung – kaum zu glauben!

Mist, mein Handy streikt schon wieder. Damit wollte ich mir eigentlich eine Unterkunft suchen, hier in Sichtweite des Hafens gibt es eine reiche Auswahl. Ein Handy-Laden direkt vor mir. Der Schaden ist schnell behoben und ich komme mit der freundlichen jungen Frau ins Plaudern, ohne dass ich auf die Uhr schauen muss. Ja, sie weiß ein B&B, genau gegenüber. Am Abend vorher wurde Einweihung gefeiert. Ob es mir recht sei, wenn sie die Eigentümerinnen anruft. Ja, gern. Sie begleitet mich hinüber zum Palazzo aus dem 19. Jahrhundert und im Torbogen nimmt mich eine junge Frau in Empfang. Mit dem Aufzug fahren wir in die 1. Etage, die Beletage! Ich besichtige das ganze Etablissement und darf mir ein Zimmer aussuchen. Meine romantische barocke, sizilianische Seele ist begeistert. Ich wähle Grau mit Violett und puderrosa Rosen. Das ist ein kleines Apartment mit eigenem Wohnzimmer und direkt vom Treppenhaus aus begehbar, dazu aber auch Zugang zum eigentlichen Wohnbereich mit großer Wohnküche. Wunderbar eingerichtet, zum Träumen, ganz romantisch.

Mittlerweile ist die zweite Eigentümerin eingetroffen und wir nehmen einen Schluck Weißwein: alle guten Wünsche für das B&B *Donna Franca Florio!* Da ist er wieder, der Name! Seit die Belle Epoque in Palermo und überhaupt vorbei ist, verschwand er. Nur ihr Ehemann Ignazio Florio wird manchmal in Sizilien genannt. Einstmals einer der reichsten Männer Italiens, Industrieller mit Ideen, starb er völlig verarmt und war auf die Zuwendungen von Freunden und Verwandten angewiesen. Seine Ehefrau Franca aus einer palermitaner Adelsfamilie war einstmals die ungekrönte Königin Siziliens, ja Italiens. Allgemein galt sie als die schönste Frau des Königreichs. Selbst den deutschen Kaiser Wilhelm II. hat sie in ihrer Jugendstil-Villa empfangen, als er mit seiner Jacht Hohenzollern im Hafen von Palermo ankerte (mein Deutschtum kommt durch!). Davon gibt es Fotos.

Mit Donna Franca geschieht momentan, was in Wien mit Sisi, der Ehefrau des Kaisers Franz Josef II., die zu ihrer Zeit als die schönste Frau der Welt galt, zu beobachten ist: Sie ist ein wiederentdecktes Idol und ihr Name wird vermarktet. Plötzlich sind starke, möglichst unglückliche Frauen »in«. Frauen, um deren Biografie sich jahrelang keiner geschert hat. Schön, reich, top modisch und ständig im Rampenlicht (Lady Di lässt grüßen!). Eigentlich möchten wir alle so sein, erst bei näherem Hinsehen geht uns auf, welche Tragik in diese historischen Lebensläufe gepackt ist. Eine Zeitlang habe ich Donna Franca beneidet. Sie trug nur Schmuck von Cartier. Nach ihrem Tod wurden 30 Kilogramm davon versteigert, als die Familie auf dem absteigenden Ast war. Ich liebe Schmuck, muss ihn mir aber leider selber kaufen und nicht in dieser Preisklasse.

Francas Schmuck waren Geschenke ihres illustren Ehemannes, wenn er mal wieder aushäusig zugange war. Diese »vom Glück beschenkte« Frau musste drei ihrer fünf Kinder begraben, die noch vor dem 10. Lebensjahr verstarben. Darunter den einzigen männlichen Erben, genannt Baby-Boy, und Giacobina, die ihre Geburt nur zwei Stunden überlebte.

Wir drei Frauen aus dem 21. Jahrhundert trinken auf Donna Franca und hoffen, dass der Name dem kleinen mutigen Unternehmen Glück bringt, in das die zwei Sizilianerinnen so viel Geld und Herzblut investiert haben.

Glücklicherweise haben sie noch ein zweites Standbein: Sie arbeiten am Theater und haben eine eigene Sendung bei einem lokalen Radiosender. Und wenn das Leben einem mal wieder die kalte Schulter zeigt, kann man so herrlich von den glücklichen Zeiten der neuen Idole träumen: der ungekrönten Königin, der Königin der Herzen und der einstmals schönsten Frau der Welt!

In Palermo gibt es übrigens seit kurzem eine Stadtführung »auf den Spuren Donna Franca Florios« und eine neu eröffnete Nobelboutique in der Nähe des Opernhauses, das die Familie Florio seinerzeit fast ganz bezahlt hat, wirbt mit einem großen Bild von ihr auf der Hausfassade.

An Donna Franca Florio führt kein Weg mehr vorbei!

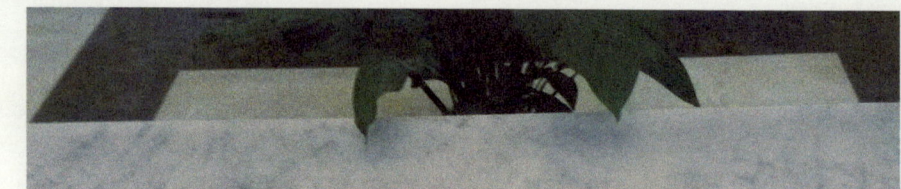

20. Friedhöfe

Palermo ist eine große Stadt und demzufolge gibt es dort auch mehrere große Friedhöfe. Viele der »besseren« Familien haben eigene Grabkapellen und auf Sizilien werden die Gräber nicht, wie in Deutschland üblich, nach 30 Jahren aufgelöst. Feuerbestattungen sind nahezu unbekannt, obwohl es in neuerer Zeit in Messina, Catania und Palermo je ein Krematorium gibt (vor einigen Jahren musste meine Freundin sich allerdings auch um die Anlieferung des Diesels zum Betreiben selbst kümmern, als ihr Mann starb. Heute ist das sicher anders!) Leider wird diese Bestattungsform von weiten Teilen der Bevölkerung ziemlich naserümpfend betrachtet. So breiten sich die Friedhöfe immer weiter aus und es gibt keine freien Plätze mehr, obwohl in Palermo die Kremation zurzeit gratis ist. Der Besuch dieser weitläufigen Anlagen kann ganz interessant sein.

Am Fuße des palermitanischen Hausbergs, des Monte Pellegrino (den Goethe 1787 als das »schönste Vorgebirge der Welt« empfand), liegt der Friedhof Santa Maria dei Rotoli. Leicht am Hang, traumhafter Meerblick. Nach Osten bis Bagheria und nach Westen bis zum berühmten Badestrand mit der Jugendstil-Seebrücke von Mondello. Ein Blick über die Bucht wie der vom Jugendstil-Luxushotel »Villa Igea«, in dem schon Königin Elisabeth II. genächtigt hat. Vielleicht sollte man sich aufgrund der herrlichen Aussicht hier begraben lassen und diese zumindest bis zum jüngsten Tag genießen!

Der vielleicht bekannteste Friedhof findet sich heute mitten im Stadtgebiet. Damals war das Kapuziner-Kloster außerhalb des Stadttores Porta Nuova inmitten der Zitrushaine gelegen. Bekannt ist es bei Ausländern durch die besondere Bestattungsform der Mönche geworden, die allerdings nur gut betuchten Familien vorbehalten war, denn umsonst ist der Tod ... Hier wurden die Toten ausgeweidet, mehrere Monate getrocknet und dann geschminkt, gekämmt und im Sonntagsstaat gekleidet in Wandnischen platziert. So konnte die Familie ihnen dann doch noch ins Gesicht sagen, was sie sich zu Lebzeiten nicht getraut hatte! Diese netten Zeremonien sind seit dem Ende des 19. Jahrhunderts verboten. Einzige (illegale?) Ausnahme die kleine Rosalia, die wie eine Wachspuppe in ihrem gläsernen Sarg (Schneewittchen lässt grüßen!) zur letzten Ruhe gebettet ist. Heute werden an diesem Ort mit Vorliebe Mafia-Krimis gedreht, weshalb immer alle Touristen-Gruppen genau dorthin wollen.

Auf dem angeschlossenen Friedhof sind die ganz normalen Gräber aber nicht alle ganz »normal«.

Der für mich prominenteste Tote ist der Schriftsteller Fürst Giuseppe Tomasi di Lampedusa, der Verfasser des Buches »Der Leopard«, der dort zusammen mit seiner Frau Alessandra Wolff-Stomersee, einer lettischen Baronin, liegt. Er selbst hat seinen Erfolg gar nicht mehr erlebt (das italienische Buch, das in die meisten Sprachen übersetzt wurde – vielleicht außer Dante?). Möglicherweise hat ihm seine Frau fast 25 Jahre später, nach ihrem Ableben, davon berichten können, wer weiß? Aber warum liegen die Zwei nicht bei den anderen Familienangehörigen der Tomasis? Neben ihnen ist links ein Mafia-Opfer platziert: Pio La Torre. Politiker, der zusammen mit seinem Fahrer im Auto erschossen wurde. Aber mit ihm hätte Lampedusa zu

Lebzeiten sicher nie ein Wort gewechselt, denn der war nicht von Adel und daher für ihn nicht gesellschaftsfähig!

Der dritte Friedhof ist vermutlich der vornehmste: Sant' Orsola. Hier ist die Grabkapelle der Florios, der reichsten Unternehmerfamilie – sozusagen der Rockefellers Siziliens. Zu damaliger Zeit war auch einer der beiden sizilianischen Helden der neueren Geschichte in der Familienkapelle bestattet: Giovanni Falcone, einer der beiden Richter, durch deren Ermittlungen es den Verbrechern der Mafia endlich einmal an den Kragen ging. Und deren Ermordung kurz hintereinander 1992 ein Umdenken in der Bevölkerung bewirkt hat. Endlich haben die Leute rebelliert und die Mafia war plötzlich auch in den Augen derjenigen, die am untersten Ende der Bildungs- und daher auch Einkommensskala standen, etwas Peinliches, das man nicht unterstützen und dessen man sich schämen sollte.

Letzter berühmter Friedhof ist San Giovanni dei Lebbrosi, der damals weit außerhalb liegende Gottesacker der Leprakranken, der sich durch eine wunderbare mittelalterliche Normannenkirche auszeichnet.

Eines Tages hatte ich mich mal wieder bei Freunden in Palermo als Logiergast eingenistet. Sozusagen Penthouse, große Dachterrasse mit Blick aufs Meer und den Monte Pellegrino. Endlich Stadtluft schnuppern, Einkaufsbummel, eine Besichtigung, eine Vernissage, Palermo hat so viel zu bieten! Abends lange Gespräche beim Wein, weiter Blick auf die illuminierte Stadt bis hin zum Theatro Massimo, eines meiner Lieblingsgebäude. An einem Morgen: »Kennst du eigentlich Palermos Friedhöfe? Ich müsste mal wieder nach meinen Eltern schauen!« Na sicher, war ich dabei.

Das bedeutete aber zwei entgegengesetzte Orte, denn die Schwiegereltern meiner Freundin waren geschieden und hassten sich aus vollem Herzen. Also erst mal städtischer Autobus zum Meer hin: Nach Acquasanta, zum »Rotoli«, wie die Palermitaner sagen. Sonnentag, herrliche Aussicht, Meer. Dann wieder Ernüchterung: zugemüllte Haltestelle, klappriger Stadtbus, verschmutzte U-Bahn-Station und vergammelte U-Bahn. Dann waren wir am Friedhof Sant'Orsola, der Ehemann meiner Freundin und ich. Um den Haupteingang Blumengeschäfte, wo wir beide etwas kauften. Dann jede Menge Steinmetzbetriebe, die beileibe nicht nur Grabsteine anboten, sondern auch elegante Badezimmer-Einrichtungen in weißem Marmor. Wir gingen durch das große schmiedeeiserne Eingangstor. Lorenzo brachte seine Blumen zum Grab des Vaters. Wir schlenderten weiter. Meine Blumen kamen zum Familiengrab Falcone, wo schon ganz viele Sträuße für den ermordeten Richter standen. Heute ist Giovanni Falcone umgebettet in die Kirche San Domenico, das Pantheon der Stadt, wo alle verdienstvollen Palermitaner begraben sind. Die Familie Borsellino hat das allerdings abgelehnt, ebenso wie ein Staatsbegräbnis. Paolo Borsellino ist auf dem Friedhof Santa Maria degli Angeli bestattet.

Wir waren an einem kleinen Steinhaus angelangt: »Soll ich dir mal etwas zeigen, das hast du noch nie gesehen!« Na klar, ich bin neugierig. Die Tür stand halb offen, wir traten ein. Bis unter die Decke gestapelte Särge mit einigen, noch gar nicht verwelkten Blumensträußen. Als ich jetzt die in New York gestapelten Corona-Särge im Fernsehen sah, fiel mir die zurückliegende Episode wieder ein! Aber die Särge hier waren vom Feinsten und es fiel ins Auge, dass nicht gespart worden war. Und augenscheinlich warteten sie auf etwas! Worauf? Es war August. Ein Kühlsystem war anscheinend nicht vorhanden und es roch etwas merkwürdig. Wir traten wieder hinaus in die mörderische sizilianische Sommersonne. Hinter uns schlich sich einer der vielen Straßenhunde auf der Suche nach einem kühlen Siesta-Plätzchen nach innen.

Mein Freund erklärte mir: In Palermo herrscht ein eklatanter Mangel an Grabstätten. Wie überall muss man auch auf dem Friedhof anstehen. Und das kleine Steinhäuschen war die Wartehalle! Die momentane Lösung: Die Särge werden in völlig fremden Familiengruften eingemauert. Das geht, wenn sich seit 20 Jahren niemand mehr um diese gekümmert hat und anzunehmen ist, dass keine Nachkommen mehr existieren.

Wie mag das wohl finanziell geregelt werden? Denn auch in Palermo gibt es nichts umsonst und eine Beerdigung ist ja bekanntlich kein Schnäppchen!

Kleine Anmerkung: Im Sommer 2021 sendete das Regionalfernsehen einen Bericht, wonach mittlerweile 960 Särge, pandemieunabhängig, auf ihre Bestattung warten. Um diese Zeit zu überbrücken, standen auf dem Hauptweg eines Friedhofs provisorische Zelte! Einige Hinterbliebene konnten dann im Fernsehen mitansehen, was aus den Särgen ihrer Lieben geworden war!

21. Aura

In Palermo gibt es einen Platz in der Altstadt, den ich nie gemocht habe. Weshalb? Einfach aus einem unangenehmen Gefühl heraus, ein sich unwohl fühlen, die Geschichte dieses Platzes kannte ich nicht.

Es gibt Orte, die man gefühlsmäßig meidet. Ich denke, jeder von uns hat solche Plätze in seiner Vorstellung. Für mich ist das die Stadt Sarajewo. Auch in einem bestimmten Schweizer Luxushotel am Genfer See werde ich nie in meinem Leben einchecken. Die sizilianische Stadt Caltabellotta, die eine Geschichte von Verrat und Kampf hat – wie ich später erfuhr – hat mir Unbehagen vermittelt. Und auch nach Vietnam werde ich nie reisen, einfach, weil ich immer noch die Bilder des Krieges im Kopf habe.

Und nun also Palermo. Der Ort, der mir dort Angst macht, ist die Piazza Marina. Beileibe kein hässlicher Platz, ziemlich in Meeresnähe, wie der Name schon sagt, sehr historisch und umrahmt von alten Palazzi. In der Mitte dieses Vierecks ist eine kleine Parkanlage mit sehr großen, über hundertjährigen Magnolien-Ficusbäumen. Sie sind umgeben von einer Vielzahl riesiger Luftwurzeln. Sollte man obdachlos sein, kann problemlos darin eine Wohnung bezogen werden. Das Gatter, das diesen Park einzäunt, stammt von dem palermitaner Jugendstil-Architekten Ernesto Basile, ist frisch restauriert und gut in Schuss. Benannt ist diese Gartenanlage nach »dem Befreier« Siziliens, Giuseppe

Garibaldi. Für die Insel nicht unbedingt ein Gewinn, was sich aber erst herausstellte »als es schon zu spät war«.

Vor 30 Jahren war die Piazza Marina menschenleer. Verlassen lag sie im prallen Sonnenlicht. An der Ostseite grenzte sie – und tut es heute noch – an den arabischen Stadtteil Kalsa mit seinen Ruinen der Bombenangriffe von 1943. In diesem Stadtteil sind die 1992 von der Mafia ermordeten Ermittlungsrichter Giovanni Falcone und Paolo Borsellino aufgewachsen. Es war ein Ort, den Touristen damals besser meiden sollten, weil es dort immer zu Überfällen kam.

Heute ist vieles wiederaufgebaut und restauriert. Die Müllberge in den Ecken sind verschwunden. An der Piazza haben sich einige nette Lokale etabliert, deren Tische im Schatten der alles dominierenden Bäume stehen, die Kühle verheißen, und die Blumenrabatten duften. Abends sind die alten Adelspaläste angestrahlt. Sehr stimmungsvoll für eine angenehme sizilianische Mahlzeit mit Freunden. Und trotzdem gehe ich dort nur hin, wenn ich eine Einladung habe oder aus beruflichen Gründen dort sein muss.

Denn jetzt, nach so vielen Jahren kenne ich die Bedeutung dieses Platzes, weiß, was sich hier zugetragen hat. Wahrscheinlich weiß ich noch nicht einmal alles. Auf diesem Platz haben sich schlimme Dinge ereignet und der Gedanke an die vielen gewaltsam ums Leben gekommenen Menschen bedrückt mich.

Dominant ist der Palast der Adelsfamilie Chiaramonte aus dem Jahr 1320 im Stil der katalanischen Gotik, in Sizilien auch Chiaramontestil genannt, damals sehr »modern« und überall auf der Insel zu finden. Dominant war auch die Familie, was aber nicht verhinderte, dass der letzte Spross auf diesem Platz, mit Blick auf den Familiensitz, geköpft wurde. Er hatte seine Dominanz anscheinend etwas überschätzt. Von 1468 bis 1517 residierten hier die spanischen Vizekönige, als Sizilien eine spanische Insel geworden war. 1601 zog dann für 181 Jahre die Inquisition mit ihren grauslichen katholischen Gepflogenheiten ein. Die Gefängniszellen dieser unglücklichen Inhaftierten mit ihren authentischen Graffiti sind heute noch zu besichtigen. Die Verurteilten wurden dann entweder vom Dach des Hauses gestürzt oder auf dem Scheiterhaufen auf der Piazza verbrannt, sofern sie die Torturen der Befragung überlebt hatten.

Heute dient das Gebäude friedlicheren Zwecken, es beherbergt das Rektorat der Universität, ist aber zu besichtigen.

Umgebracht wurde hier auch in der Neuzeit der amerikanische Polizist mit sizilianischen Wurzeln, Joe (Giuseppe) Petrosino. 1909 ermittelte er über die Verbindungen der New Yorker mit der sizilianischen Mafia. Viele sizilianische Familien waren nach Amerika ausgewandert und unterhielten (und tun es heute noch) lebhafte Geschäftsbeziehungen im Drogenhandel. Anscheinend war er mit seinen Recherchen gut vorangekommen. Als er an einem dunklen Märzabend in sein Hotel zurückkehrte (das Haus steht noch heute an der Nordseite der Piazza), wurde er erschossen. Auf dem Gehweg vor dem Jugendstil-Geländer des Parks ging sein Leben zu Ende. Der Täter wurde nie zur Rechenschaft gezogen, obwohl er anscheinend bekannt war. In neuerer Zeit wurde ein Schild angebracht, das an diesen Mord erinnert.

Die ganze Stadt Palermo ist voller Gedenktafeln, die Mafia-Morde ins Gedächtnis rufen, aber nur hier auf der Piazza Marina ist für mich die schlechte Aura spürbar!

22. Schutzgeld

Vor mehr als 20 Jahren war das Städtchen Capo d'Orlando an der Nordküste Siziliens in der Provinz Messina heftig in den Schlagzeilen, als mutige Geschäftsleute und Hoteliers die Forderungen der örtlichen Mafiosi satthatten und sich weigerten, diese durch Schutzgeldzahlungen zu unterstützen (zu diesem Thema gibt es eine hübsche Geschichte des sizilianischen Dichters Giovanni Meli von dem arbeitenden Ochsen, auf dessen Horn eine Fliege mit ihre Runden dreht und die dann auch entlohnt werden will!).

Dieses Verhalten erfordert Mut und Rückgrat, weil diese Verbrecher immer nach vorgeschriebener Choreographie arbeiten: Ein Besuch von zwei seriösen, gutgekleideten älteren Herren mit Schlips und Kragen, die mit ruhiger Stimme die Vorteile einer solchen Abmachung darlegen, eine Win-win-Situation sozusagen. Dann kommen nach einiger Zeit zwei junge, durchtrainierte Burschen, die den gefüllten Briefumschlag abholen sollen. Barzahlung ist Pflicht, Kreditkarten können nicht akzeptiert werden. Wer jetzt sachlich zu erklären versucht, dass die Einkünfte nicht den Erwartungen entsprachen und daher eine Zahlung momentan nicht zu stemmen sei (es handelt sich dabei immer um recht hohe Summen), wird eines Nachts erleben, dass sein Auto beim Parken einen Kurzschluss hat und in Flammen aufgeht. Nächste Stufe ist, dass das Ladenlokal mit seiner Elektroinstallation nicht der Euro-Norm entsprach und schon lange hätte saniert werden müssen, aber jetzt ist es zu spät, da hilft nur ein Wiederaufbau. Vielleicht hat sich vorher auch ein Kunde ungeschickt angestellt und einiges ist im Geschäft zu Bruch gegangen – Polizei? Es gibt nie Zeugen. Man sieht aber häufiger ausgebrannte Läden und kann sich seinen Reim darauf machen. Dann späht man die Sprösslinge aus und berichtet den Eltern haarklein deren Tagesablauf. Irgendwann wird jeder mürbe und zahlt. Ich kenne Leute, die daraufhin entnervt ihre Arbeit hingeschmissen und ihr Lokal geschlossen haben, weil sie die ewigen Bedrohungen leid waren. Die allerletzte Stufe ist dann die Erschießung des Unwilligen auf offener Straße, sozusagen als Warnung für Nachahmer.

Eines Tages machte ich mit einer Gruppe deutscher Landfrauen Mittagsrast in einem Hotel in Capo d'Orlando, das für seine gute Küche von renommierten Restauranttestern hervorgehoben und prämiert worden war. Nach diesen Kriterien hatten es die Damen anhand eines Restaurantführers ausgesucht. Das Hotel trug den Namen eines einheimischen Meeresbewohners und war recht berühmt. Die Lage einzigartig direkt am Strand mit Blick auf die Äolischen Inseln. Das vorher festgelegte und bestellte Menü war vorzüglich und entsprach voll den Erwartungen. Der Inhaber persönlich begrüßte und umsorgte uns. Ein wenig störten allerdings die vielen Carabinieri in schusssicheren Westen und mit umgehängten Maschinenpistolen, die durchs Lokal streiften und uns beim Essen zuschauten. Glücklicherweise verstanden sie (wahrscheinlich) unsere Konversation nicht, wir wurden also nicht abgehört! Der schutzgeldunwillige Hotelier und seine Familie wurden anscheinend Tag und Nacht geschützt. Wir hatten das vorher gewusst, aber keine Vorstellung vom Ernst der Situation gehabt.

Wir verabschiedeten uns vom Wirt und dankten für das wunderbare Essen, das unsere Erwartungen noch übertroffen hatte. Wir hängten noch einen Nachsatz an, nämlich, dass wir von seinem Dilemma gehört hätten, und auch deshalb sein Haus auswählten, um ihm den Rücken zu stärken. Er war ganz gerührt und rief den Polizei-Capo. Vor ihm mussten wir dann unser Sprüchlein nochmal wiederholen. Arrivederci!

Gleicher Ort, anderes Hotel. Die Reiseagentur hatte uns dort für eine Übernachtung gebucht. Kein elegantes Haus, aber romantisch am Meer gelegen und mit dem Notwendigsten ausgestattet. Wahrscheinlich auch nicht besonders teuer in der Vorsaison. Der Inhaber, ein Mann mittleren Alters, war sehr freundlich und sicher heilfroh, wenigstens für eine Nacht fast alle seine Zimmer mit Halbpension belegt zu haben und so auch in der Kartei des Reiseveranstalters zu stehen. Das Personal war endlich mal voll beschäftigt und die Kasse klingelte. Allerdings begleichen die Agenturen die Rechnungen immer sehr schleppend, obwohl die Reisen ja im Voraus bezahlt werden. Nach dem Abendessen unterhielt ich mich noch kurz mit ihm, um zu bestätigen, dass alles zu unserer Zufriedenheit sei. Buona notte!

Kurz darauf fiel mir ein, dass ich ja noch etwas mit dem Oberkellner bezüglich des Frühstücks besprechen wollte. In Sizilien macht man so etwas am besten immer von Angesicht zu Angesicht. Also zurück in den Speisesaal. Der Inhaber des Hotels saß dort noch am Tisch mit einem Einheimischen, der leise auf ihn einredete. Aber welche Verwandlung war mit ihm vorgegangen! Mich packte Entsetzen! Der Mann war schneeweiß und zitterte am ganzen

Körper. Kein einziges Wort kam über seine blutleeren Lippen. Noch nie in meinem Leben hatte ich einen erwachsenen Mann in solcher Verfassung gesehen! Heimlich, still und leise schlich ich hinaus, um ihn nicht in Verlegenheit zu bringen. Heute, um viele Lebensjahre erfahrener, würde ich an den Tisch gehen und verkünden, eine Ambulanz zu rufen, da hier ja augenscheinlich ein Notfall vorläge, Herzinfarkt? Kreislaufkollaps? Damals waren meine italienischen Sprachkenntnisse allerdings recht bescheiden, vom schwierigen sizilianischen Dialekt gar nicht zu reden. Außerdem hatte ich mir damals gar nicht vorstellen können, was alles möglich war! Der Hotelier hatte anscheinend gerade ein Angebot bekommen, das er nicht ablehnen konnte!

Heute ist Capo d'Orlando vorwiegend bekannt durch die Villa Piccolo, die Cousins des Schriftstellers Tomasi di Lampedusa. Und hier ist das Besondere der weitläufige Hundefriedhof mit den vielen Grabsteinen, den die sehr wohlhabende Familie im Laufe ihres Lebens dort angelegt hat. Lampedusa, der sehr oft bei ihnen weilte, hat seinen heißgeliebten schwarzen Spaniel Crab auch hier begraben, der entsprechend beschriftete Grabstein ist heute noch zu sehen.

23. Gastarbeiter

In meiner Heimatstadt gab es einen etwas entfernteren Nachbarn, der aus einer sizilianischen Kleinstadt im Süden stammte. In seiner Familie war er der einzige Sohn und arbeitete mit seinem Vater auf den Feldern, seine Schwestern blieben im Haus, wie es damals in Sizilien üblich war. Er kam in jungen Jahren nach Deutschland und fand auch sofort Arbeit auf einem Weingut, denn wie viele seiner Landsleute damals hatte er keine qualifizierte Berufsausbildung.

Schließlich fand er eine bessere Arbeit und heiratete eine deutsche Frau. Er hatte somit auch Teil am damaligen Wirtschaftswunder und sein Leben verlief in ruhigen, angenehmen Bahnen. Eine schöne Wohnung, von der er in seiner alten Heimat nicht einmal hätte träumen können, soziale Absicherung und einmal im Jahr Ferien auf Sizilien. Eine traumhafte Hotelanlage am Meer in einem Touristenort, die er sich in seinem früheren Leben niemals hätte leisten können. Von dort aus besuchte er mit seiner Frau – ohne große Freude – seine mittlerweile ebenfalls verheirateten Schwestern, die noch immer am gleichen Ort lebten. Familie eben!

Seine Familie hatte er jetzt in Deutschland. Zwei gestandene Söhne, Schwiegertöchter, Enkel. Alle erfolgreich und sein Stolz und der seiner Frau. Nur der italienische Nachname erinnerte noch an Sizilien. Ich traf die beiden öfter, sie waren gute Freunde meiner verwitweten Mutter und wohnten – wie gesagt – ganz in unserer Nähe. Als ich dann mit einem Sizilianer aufkreuzte, kamen wir häufiger ins Gespräch, zumal mein Mann kein Deutsch verstand und so mal wieder genüsslich quatschen konnte. Und der Nachbar genoss die heimatlichen Klänge ebenfalls.

Da ich immer recht neugierig bin – eine Eigenschaft, die man sich in Sizilien abgewöhnen sollte (hier regieren die drei Affen »nichts sehen, nichts hören, Klappe halten«) – habe ich Salvatore eines Tages ausgefragt, was für ihn der Auslöser war, die Insel zu verlassen. Wir reden hier von den 60er-Jahren. Wieder einmal war die Bereitschaft auszuwandern groß, denn für die Landbevölkerung gab es keine Zukunft. Aber diesmal waren es nicht Amerika oder Australien wie in den Auswanderungswellen zuvor, sondern die Bundesrepublik Deutschland (dass es noch einen weiteren deutschen Staat gab, wussten die meisten Sizilianer nicht). Deutschland war näher dran als alles Andere und die Angebote in den Anheuerungsbüros hörten sich gut an.

Der Auslöser für Salvatores Entscheidung war ein ganz konkreter: Die nächstgrößere Stadt in seiner Region war Gela. Eine historische Stadt mit wertvollen Ausgrabungen aus der Zeit Groß-Griechenlands. Leider wurde hier Erdöl gefunden und eine riesige Raffinerie verpestet seither die Luft und die Felder, ohne Arbeitsplätze für die zum Teil damals noch analphabetischen Bewohner zu schaffen. Alle Fachkräfte kamen aus dem Norden Italiens. Dazu ein Hafen, in dem Öl aus Libyen entladen wurde. Ein Boom und Hoffnung auf ein besseres Leben, heute sinnlos. Aber die Landschaft ist nun mal zerstört. Dafür aber ein Zentrum der Mafia. Die verdient natürlich immer mit, eine zweite Steuer sozusagen!

Eines schönen Tages hatte Salvatore in dieser »Großstadt«
etwas zu erledigen und stand so gegen 10.00 Uhr auf dem
Hauptplatz vor der Kathedrale. Der Platz war voller
arbeitsloser Männer, sie hatten Zeit. Eine anständige Frau
blieb in ihren eigenen vier Wänden – auch in der Stadt. Also
viel Publikum, als die Glocke der Dom-Uhr schlug und mit
jedem Glockenschlag ein Schuss fiel, einer und noch einer
... ein Mann stürzte zu Boden, vor seinen Augen und den
Augen aller Leute ... eine regelrechte Hinrichtung! Er sah
alles, wie alle anderen auch, aber keiner hatte etwas gesehen! Das war für Salvatore die Erleuchtung: Bloß weg hier!
Diese Misere, diese Gewalt, diese Lügen, diese verdrehten
Weltanschauungen!

Salvatore lebt nicht mehr. Seine Urne ist auf dem deutschen
Friedhof bestattet. Mehr als 60 Jahre sind seit dem damaligen Grauen vergangen. Seine Witwe und die Söhne sehe
ich manchmal in der Stadt. Und seinen Enkel. Der hat ganz
herrlich rote Haare, um die ihn jede Frau beneidet. Ein Erbe
der Normannen, die um das Jahr 1000 Sizilien eroberten?

24. Nachbarn

Sie: Seit 30 Jahren Witwe eines sehr lebenslustigen Lebenskünstlers, drei Kinder, von denen zwei mit Mitte 40 noch immer bei ihr wohnen. Eigenes Haus in einer sehr engen Gasse. Von Balkon zu Balkon kann man sich die Hand schütteln – man will es aber nicht. Leider kam der Ehemann, ein recht bekannter Sänger und Liedschreiber, der den ausländischen Touristinnen zugetan war, nicht mehr so recht in den Genuss des Eigenheims. Ihr Gesicht ist verkniffen und faltig und sie ist gefürchtet wegen ihrer scharfen Zunge und giftigen Kommentare.

Er: Inhaber eines renommierten und über die Stadtgrenzen hinaus bekannten Feinkostladens mit Wein-Probierecke. Sicher mehr als 100 Weinsorten! Ein kleiner Sizilianer, fröhlich, sehr kompetent (die große Ausnahme) und auch geschäftstüchtig. Er hat eine nette, eher stillere, Ehefrau und zwei erwachsene, unverheiratete Töchter, die beide im Norden studiert haben und in der Europäischen Union mehrsprachige Jobs bekleiden. Er sitzt immer vor seinem Laden – falls er nicht an der Kasse gebraucht wird – und hat alles im Blick. In seiner etwas größeren Straße hat er Tische und Stühle aufgestellt. Die Straße führt zum Hafen und eignet sich hervorragend fürs people-watching bei einem Glas Wein, was im Sommer sehr unterhaltsam ist. Im Winter ist geschlossen, da verirrt sich niemand in diese Gegend. So begegnen sich die Beiden, wenn sie aus ihrer Gasse heraustritt, die genau an seinem Unternehmen einmündet. Sie grüßt ihn auf ihre ganz spezielle Weise: »Krepiere, krepiere!« und er antwortet freundlich: »Nach dir!« Und das mehrmals täglich.

So geht es jahrelang, aber eines Tages ist es wirklich so weit. Sie ist nur noch eine halbe Portion, ganz zerknittert im Gesicht und wird von ihren Kindern auf einen Plastikstuhl in die Sonne gesetzt. Sie schaut sich die Touristen an, die die lavagepflasterte Straße rauf- und herunterbummeln und im Frühling trifft sie der Schlag.

Soweit so gut oder so schlecht? Zehn Tage später wird der von ihr so geliebte Nachbar dahingerafft. Völlig unerwartet am Ostersonntag durch einen nicht erkannten Hirntumor. Familie, Freunde, Geschäftspartner und langjährige Feriengäste sind entsetzt. Er hat sein Versprechen wahrgemacht – nach ihr.

Im Städtchen grinst man hinter vorgehaltener Hand: Sind das höhere Mächte? Antike Götter? Schicksal? Oder göttliche Fügung? Jeder kann sich das Passende raussuchen, in Sizilien ist alles möglich.

25. Romantik

Die Perle Siziliens ist unbestreitbar Taormina und der Traum aller Besucher dieser schönen und interessanten Insel. Da ist was dran, mir geht jedes Mal das Herz auf, wenn ich im Gewimmel der kleinen Gassen spaziere oder in der Hauptstraße alle Schaufenster mal »rüber mal nüber abklappere«. Im 19. Jahrhundert Winterkurort der europäischen Upperclass, in den fünfziger Jahren des 20. Jahrhunderts Spielplatz des Jetsets und heute Tummelplatz der Pauschaltouristen. Venedig und Capri lassen grüßen, besonders, wenn noch mindestens zwei Kreuzfahrtschiffe in der Bucht von Naxos auf Reede liegen. Und – oder – einige im Hafen von Messina oder Catania festgemacht haben und vormittags mit ihren Passagieren den Ätna überrollen und nachmittags in Taormina einfallen. Dann ist vor lauter Menschen das Straßenpflaster nicht mehr zu sehen. Froh gestimmt wie die Besucher sind auch die Ladeninhaber, weil sicher das eine oder andere Mitbringsel erworben wird. Die Wirte weniger. Kreuzfahrer haben alles inklusive und viel mehr als ein Cappuccino oder Campari Soda sind nicht drin. Diese Seefahrer sind sofort an ihrer Verkleidung erkennbar, hochpreisig maritim, viel Blau und noch viel mehr Weiß.

Neuerdings gibt es in Taormina auffallend viele Juweliergeschäfte, die früher von Amerikanern und heute vorwiegend von Russen frequentiert werden. Leider verschwinden dadurch viele alteingesessene Läden, die sich die teuren

Mieten nicht mehr leisten können. Mit Vermietung ist einfach mehr Gewinn zu erwirtschaften, wenn eine günstig gelegene Immobilie geerbt wurde, denn ein Kauf ist bei diesen Preisen schwierig. Ansonsten gibt es die gleichen Designerläden wie überall auf der Welt, dieselben Modelle, fast identische Preise.

Die Hauptattraktion des Städtchens und vielleicht auch ganz Siziliens ist das griechisch-römische Theater. Eine schönere Kulisse mit Ätna-Blick gibt es auf der ganzen Welt nicht! Umrahmung für das Abschlussfoto des G7-Gipfels im Mai 2017, der dieses Theater auf allen Erdteilen bekannt gemacht hat. Auch wenn Herr Trump auf dem Bild wie immer seine gelangweilte Miene aufsetzt, die uns sagt, dass in Amerika sowieso alles great und somit besser ist und die »Eingeborenen« nicht erwähnenswert. Frau Merkel, wie immer um Ausgleich bemüht, mit positivem Gesichtsausdruck, doppelt bewundernswert! Jetzt ist das Foto Geschichte und als Magnet in den Andenkenbuden zu kaufen.

Zu kaufen ist auch eine schwarz-weiße Foto-Postkarte eines Winterabends, der die Piazza IX Aprile in einen verschneiten Traum verwandelt hat und völlig surreal ist. Das kommt vielleicht alle 30 Jahre mal vor und daher hängt eine solche Postkarte goldgerahmt in meiner Wohnung.

Taormina hat immer noch Flair. Auch wenn die Zeiten von Oscar Wilde, Kaiser Wilhelm II. und Elizabeth Taylor vorbei sind. Aber träumen ist erlaubt, und das gönne ich mir von Zeit zu Zeit auf der Terrasse des Hotels Timeo. Traditionshotel aus dem vorletzten Jahrhundert mit demselben Traumblick auf die Bucht von Naxos und den Ätna, wie er auch im Theater zu bewundern ist. Nur hier mit etwas im

Glas und ohne Besuchergekreisch. Und stilvolle Umgebung. Vom Kellner umsorgt, als sei man ein VIP, fühlt man sich gleich bedeutender als in der Stunde zuvor und genießt jede Minute. Hat der Gast einen guten Tag erwischt, sitzt ein Pianist am Flügel und der Traum ist perfekt! Natürlich hat das – wie alles im Leben – seinen Preis. Aber das ist auf dem Markusplatz in Venedig auch nicht anders und Teil des Spiels.

Bummeln ist abends am schönsten. Die Hitze des Tages hängt nur noch in den engen Gassen und wird von der leichten Meeresbrise hinweggeweht. Am Himmel steht ein großer, klarer Mond und malt einen silbernen Streifen auf das jetzt tintenblaue Meer. Unzählige Lichter lassen die geschwungene Küstenlinie leuchten. Eine Kette von Straßenlaternen hangelt sich den sanften Hang zu den Ätna-Dörfern mit ihren illuminierten Häusern hoch und der Gipfel des Vulkans ist manchmal von einer blutroten, unruhigen Lava-Haube gekrönt. Romantik pur! Vor verschiedenen Bars wird Live-Musik zum Mitsingen gespielt, sizilianisch oder italienisch der 60er- und 80er-Jahre. Da wird jeder Mensch an der Seite zum Traumpartner! Manchmal tanzen Paare auf der Eingangsempore der San Giuseppe Kirche in die laue Nacht hinein.

Der Winter allerdings ist eine öde Jahreszeit. Die Weihnachtsdekoration mit den bunten, blinkenden Lämpchen ist wieder abgebaut, leergefegtes, regennasses dunkles Pflaster. Alles geschlossen, jetzt sind die Einheimischen da, wo die Sonne scheint. Und dann gehts ans Renovieren, Erneuern und Ergänzen. Die neue Saison kann kommen. Neues Personal wird eingestellt oder das alte zurückgeholt, das im Herbst ins karge Arbeitslosengeld entlassen wurde.

Es ist also auch hier nicht alles Gold, was glänzt. Nicht jeder Geschäftsmann arbeitet reell, wie überall auf der Welt. In einer Pension wurde mir eine angebrochene Flasche Sekt in den Kühlschrank gejubelt, die ich erst auf der Rechnung bemerkt habe. Laute Diskussion, ich glaube, ich war an einen Psychopathen geraten. Zähneknirschend habe ich gezahlt, den restlichen Flascheninhalt dann aber beim Hinausgehen auf den roten Teppich der Treppe entleert, in der Hoffnung, dass Sekt Flecken macht. Dieses gastliche Haus gibt es aber mittlerweile nicht mehr, zumindest ist das Firmenschild verschwunden.

Einmal hatte ich, von Messina kommend, den Bus verpasst. Mehr als eine Stunde Aufenthalt. Was macht Frau in solch einem Fall? Natürlich die Hauptgeschäftsstraße entlangbummeln und Schaufenster ansehen. In der Auslage eines Juweliers lag ein außergewöhnlich apartes Rubin-Halsband. Ich konnte nicht widerstehen. Also rein und nach dem Preis gefragt. 18 Karat Gold (in Italien gilt nur diese Legierung als Gold), 2.500 Euro. Leider nicht meine Preisklasse. Und wo soll ich das tragen? Beim Wiener Opernball (wäre toll) oder beim Empfang des Staatspräsidenten (eher unwahrscheinlich). Sah aber an meinem Hals unbestreitbar gut aus. Also, danken und weitergehen.

Auf nach Taormina. Beim Umherschlendern lacht mich plötzlich das gleiche Collier an. Hinein ins exklusive Geschäft! Das gute Stück wird aus der Auslage geholt. Tatsächlich, derselbe Hersteller. Nur leider 2.000 Euro teurer als in Messina. So kann's gehen.

In Sizilien führen alle Wege nach Taormina, es ist leicht zu erreichen. Die blauen Überlandbusse kommen aus allen

Richtungen und fahren bis nach oben zum großen Busterminal. Zwei Parkhäuser gibt es am jeweiligen Stadteingang. Von Catania kommend, steht das neuere. Wenn geparkt ist, fährt man in die 7. Etage und befindet sich auf dem großen Platz vor dem Catania-Stadttor. Entgegengesetzt das Messina-Stadttor. Hier ist das Parkhaus Lumbi. Dieses hat allerdings insofern einen kleinen Planungsfehler, weil es auf der Touristenbus-Ebene mit ungefähr 50 Bus-Stellplätzen nur zwei Toiletten gibt. Das verkürzt die Zeit für die Stadtbesichtigung um einiges. Vom Parkhaus Lumbi fährt ein kleiner Zubringer-Bus hoch zum Messina-Stadttor. Einfach einsteigen, Hin- und Rückfahrt sind im Parkticket inbegriffen. Einfacher geht's nicht.

Besonders sehenswert ist der Bahnhof, unterhalb der Stadt am Meer gelegen, sozusagen Bahnhof mit Meerblick. Reinster Jugendstil, wunderbar restauriert. Einstmals extra für den Besuch von Kaiserin Sisi – oder Elisabeth von Österreich – gebaut. Leider hat sie ihn nie gesehen. Die Dame, bekannt für ihr unstetes Leben, änderte einfach ihre Reisepläne. Vor dem Gebäude direkt ist die Haltestelle für beide Richtungen, Taormina Stadt und Giardini Naxos und den Hotel-Vorort Recanati.

Wer dann – endlich angekommen – eine Stärkung nötig hat, findet besonders in den Nebengassen oben unzählige kleine Trattorien mit und ohne Meer- und/oder Ätna-Blick, die herrlich schmackhafte Gerichte der sizilianischen Küche anbieten und dafür zivile Preise verlangen. Wer Glück hat, wird zum Menü mit einem sizilianischen Volkslied beschallt, das von umherziehenden Trios mit Mandoline, Tamburin, Maultrommel und in sizilianischer Hirten-Festtagskleidung aus voller Kehle dargebracht wird. Jetzt ist nur noch genießen angesagt. Und an die Worte Guy de Maupassants zu denken: »Wenn ein Mensch, der nur einen einzigen Tag in Sizilien verbringen könnte, mich fragte, was er gesehen haben müsse, so würde ich ohne Zögern antworten: Taormina. Es ist zwar eigentlich nur eine Landschaft, aber eine Landschaft, in der man alles zu finden scheint, was es auf der Erde gibt, um Augen, Geist und Fantasie anzuregen«. Also ...

26. Wandel

Seit mehreren Jahrzehnten ist Sizilien meine zweite Heimat geworden und manchmal frage ich mich, ob uns nicht eine Hassliebe verbindet, mit der ich nicht allein dastehe. Häufiger habe ich das Gefühl, es geht auch vielen Sizilianern so. Uneingeschränkt lieben geht nicht, loslassen ist aber auch nicht möglich.

In den letzten Jahren hat sich wahnsinnig viel zum Positiven verändert und ist doch von deutschen Gewohnheiten und Vorgehensweisen noch so meilenweit entfernt. Der Schlendrian ist selbst bei jungen Leuten nicht zu vertreiben und allgegenwärtig. Ein wenig hat Europa hier aber schon Einzug gehalten. Die schwarz gekleideten alten Mütterchen, die auf Stühlen in den Gassen vor der Haustür sitzen, gibt es eigentlich gar nicht mehr. Und auf einem Esel reitet niemand mehr vorbei (einzige nette Ausnahme ist das Bergstädtchen Castelbuono bei Cefalù, wo die städtische Müllabfuhr in den engen Treppengassen sehr praktisch mit Eseln vonstattengeht!). Am auffallendsten ist der Wandel bei den jungen Mädchen. Die durften vor 40 Jahren noch nicht einmal allein das Haus verlassen. Ein Gespräch mit einem Mann ohne Anstandswauwau war unmöglich. Nur beim Kirchgang und beim sonntäglichen Flanieren mit den Eltern über die Hauptstraße oder die Piazza konnten Blicke gewechselt werden. Das Tragen von Hosen war schon fast unanständig. Jetzt tragen die jungen Mädchen am Strand die knappsten Bikinis und fahren mit ihren wechselnden

Begleitern in den Urlaub, den diese dann auch bezahlen dürfen. Nach Möglichkeit verdienen aber Frauen ihr eigenes Geld, falls es ihnen gelingt, eine Anstellung zu ergattern, was nicht immer leicht ist.

Früher wollten die Väter ihre Töchter schnell verheiraten. 14, 15 Jahre waren keine Seltenheit, Hauptsache ein unnützer Esser weniger. Jetzt sind ledige Mütter nichts Ungewöhnliches mehr. Natürlich wünschen sich immer noch alle eine spektakuläre Hochzeit mit einem Prinzessinnenkleid, aber es geht im Grunde genommen nur um das große Fest, 300 Gäste können durchaus zusammenkommen. Man muss ja zeigen, man ist wer! Und sich gleichzeitig einiger Verpflichtungen entledigen, indem wichtige Leute zum stundenlangen Festmahl geladen werden. Dafür wird sich oft verschuldet. Auch die Hochzeitsgeschenke sind viel üppiger als Deutsche das kennen. Waschmaschinen oder Fernsehapparate sind durchaus üblich. Trockner braucht in Sizilien glücklicherweise niemand! Das junge Paar macht nach Möglichkeit noch eine großartige Hochzeitsreise und beginnt dann das gemeinsame Leben in einer komplett eingerichteten Wohnung. Gemeinsam zusammensparen ist selten. Bei Hochzeiten, wenn sie dann stattfinden, ist immer noch alles traditionell.

Einiges geändert hat sich bei der Konstruktion von Neubauten. Vorschriften müssen nach Möglichkeit eingehalten werden und von den hässlichen 60er-Jahre Häusern ist die Bevölkerung endlich abgekommen. Vielleicht sind alle auch wohlhabender geworden. Heute wird nach Möglichkeit im alten sizilianischen Stil gebaut, oft sind historisch und neu kaum noch zu unterscheiden. Auch in die Anlage der Gärten fließt jetzt Geld. In den letzten 30 Jahren sind

Gartencenter und Baumschulen wie Pilze aus der Erde geschossen. Wer kann, kauft große Palmen und alte knorrige Olivenbäume zur Verschönerung.

Auf den früheren Gemüsefeldern stehen nun auch hier riesengroße Einkaufstempel mit weitläufigen Parkplätzen und im Landesinneren, wo sich Fuchs und Hase früher »Gute Nacht« sagten, ist eine Outlet-Kleinstadt mit allen Schikanen entstanden. Da können die »normal gewachsenen« Kleinstädte nicht mehr mithalten.

Auch die Hotels haben sich dementsprechend verändert. Vorbei die Zeit der Riesenkästen. Anmutige, restaurierte kleine Schlösser und Herrenhäuser mit Pool, Wellness und großen Parkanlagen sind jetzt in. Der Service ist ein anderer geworden. Brummiges Personal gehört der Vergangenheit an, auch wenn dieses manchmal monatelang auf Bezahlung warten muss. Ebenso verschwunden ist das karge sizilianische Frühstück, international ist nun das Buffet am Morgen.

Katastereinträge waren unüblich. Auf den kleinen sizilianischen Inseln gingen durch raffinierte Transaktionen so viele Grundstücke und alte Bauernhäuser von Auswanderern auf bauernschlaue und gewitzte Zurückgebliebene »für möglichst nichts« über. Die dann 20 Jahre später auch den letzten Hühnerstall für horrende Summen an Ausländer verkauften, die sie in große Ferienvillen umbauten. Richtige Bebauungspläne gibt es auch heute nicht und nur so sind Umbaugenehmigungen zu bekommen. Die einheimischen Familien können sich demzufolge leider kaum noch Wohnungen in diesen Zonen leisten und sind gezwungen, wegzuziehen. Stattdessen sind auf der großen

Insel Sizilien in abgelegenen Ortschaften nun alte Häuser für einen Euro zu bekommen. Allerdings mit der Verpflichtung, sie innerhalb einer bestimmten Frist zu restaurieren und dann für die Ferien zu beziehen oder auch zu vermieten.

Mittlerweile sind auch die Ladenbesitzer freundlicher geworden. Grüßen oder danken war nicht. Der Kunde musste sich fast entschuldigen, dass er eintrat und störte! Die junge Generation ist zuvorkommend und höflich und hat augenscheinlich Freude an ihrer Arbeit!

Also auch hier verändert sich die Welt, wenn auch langsamer und mit 20 Jahren Verspätung.

27. Basta

Alles, was ich über das Leben auf Sizilien berichte, hat so stattgefunden, nichts ist erfunden! Vielleicht kommen die Berichte ein wenig negativ rüber und erwecken den Eindruck, dass ich diese Insel nicht besonders mag. Aber genau das Gegenteil ist der Fall. Sitze ich in meiner Heimat vor dem Fernsehapparat und sehe einen Bericht über Land und Leute auf Sizilien, so bringt mich das fast zum Heulen vor lauter Sehnsucht und ich wünsche mir sofort, dort zu sein.

Viele Jahre kreuz und quer und rauf und runter, und doch gibt es für mich immer noch etwas Neues zu entdecken. Selbst das kleinste Bauerndorf birgt Schätze, die einem völlig unerwartet fast die Sprache verschlagen. Hier ist ein Kontinent im Mittelmeer, der viele Länder Europas und auch Nordafrikas vereint:

Steinzeitliche Höhlenmalereien, wie in Frankreich. Griechenland mit seinen Dorischen Tempeln in Agrigent, Selinunt, Syrakus und die unglaublichen Theater mit herrlicher Aussicht, in denen Tragödien und Komödien quasi erfunden wurden. Die weißen Häuser der Äolischen Inseln versetzen den Besucher in die Ägäis und die Landschaft im Südwesten, um Marsala, nach Nordafrika, wo diese Küsten ganz nah an Europa und nur einen Katzensprung entfernt sind. Hier ist auch Karthago mit seiner Kultur zu bestaunen. Römische Villen mit herrlichen Fußboden-Mosaiken und

Arenen für Gladiatorenkämpfe. Das einzige rein arabische Bauwerk, die Therme von Cefalà Diana bei Palermo, danach die noch zahlreichen arabisch-normannischen Lustschlösser und goldglänzenden christlichen Kirchen, die man einfach gesehen haben muss! Mittelalterliche Adelswohnsitze mit Spitzbogenfenstern sind in der Altstadt verstreut. Palermo prunkt auch mit Spanien, Kirchen und Adelspaläste im spanischen Barock. Und der Jugendstil, der im sogenannten »goldenen Zeitalter« in allen großen Städten in Mode war. Auch sind jetzt zwei jüdische Tauchbäder, Mikwe, wiederentdeckt und restauriert worden.

Warum weit reisen? Hier ist alles vereint. Dazu noch einsame Küsten mit weißen Sandstränden oder schwarzen Lava-Klippen. Wilde, aktive Vulkane, deren blutrote Lava in der Nacht glüht. Wanderwege durch Schluchten und über hohe Berge, vorbei an Orangen- und Zitronenplantagen, buntblühenden Wiesen, silbrigen Olivenhainen und Steineichenwäldern. Und überall frisches Obst und Gemüse in Hülle und Fülle das ganze Jahr über.

Also, das Paradies schon auf Erden? Um das zu verhindern, schuf Gott den Sizilianer (uralter Witz)! Früher gehörte eine Sizilienreise zur klassischen Bildung und war ein Muss! Na ja. Goethe konnte es sich auch leisten! Heute kann es glücklicherweise jeder. Diese unvergleichliche Insel kommt wieder in Mode. In den letzten Jahren sind überall herrliche Unterkünfte entstanden, wobei die historische Bausubstanz einbezogen wurde. Und die alten Weingüter sind heute auf dem neusten Stand und produzieren wunderbare Qualitätsweine, weiß und rot, in allen Preisklassen. Überall Rückbesinnung auf die vorhandenen, traditionellen Werte.

Und etwas ganz Wichtiges: kurze Anreise – per Direktflug –
2 Stunden ab München, 2 ½ Stunden ab Frankfurt. Also
worauf warten? Lassen Sie sich verzaubern!

P. S.: Und fast immer schönes Wetter!